ÉVEILLEZ-VOUS, MES ENFANTS !

Entretiens avec
Sri Mata Amritanandamayi

Tome 7

Adaptation et Traduction Anglaise
Swami Amritaswaroupananda

Mata Amritanandamayi Center, San Ramon
Californie, États-Unis

ÉVEILLEZ-VOUS, MES ENFANTS ! – Tome 7

Publié par :
Mata Amritanandamayi Center
P.O. Box 613
San Ramon, CA 94583
États-Unis

——————— *Awaken Children, Volume 7 (French)* ————

Première édition par le Centre MA : septembre 2016

En France :
Ferme du Plessis
28 190 Pontgouin
www.ammafrance.org

En Inde :
www.amritapuri.org
inform@amritapuri.org

Ce livre est humblement offert

**aux pieds de lotus de
Sri Mata Amritanandamayi**

la Lumière resplendissante
immanente au cœur de tous les êtres.

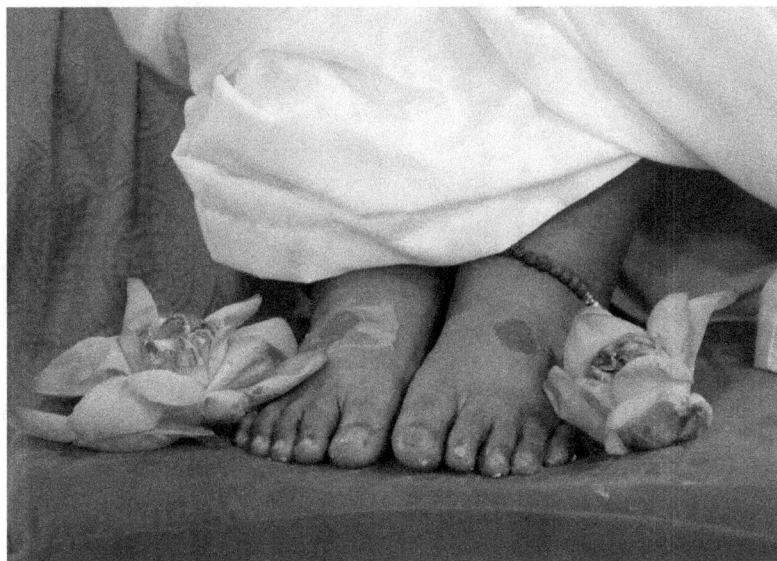

« Mes enfants chéris,
À chaque respiration, puissiez-vous penser à Dieu.
Que chacun de vos pas soit un pas vers Lui.
Que chaque action entreprise soit un acte d'adoration.
Que chaque mot prononcé soit un mantra.
Et chaque fois que vous vous allongez,
Que ce soit une prosternation aux pieds de Dieu. »

—Amma

Table des Matières

Préface

La pratique du Védanta dans notre existence consiste à plonger profondément dans la vraie vie, à la connaître dans toute sa splendeur et sa gloire, et à en faire l'expérience. Le Védanta ne nie pas la vie, bien au contraire il l'affirme. Il en est une partie intégrante. Il ne traite pas d'un objet extérieur ; il nous enseigne la connaissance de nous-mêmes, de notre nature réelle, de notre existence véritable. En réalité, la vraie vie ne commence que lorsque nous commençons à explorer notre Soi intérieur. C'est alors que débute notre véritable voyage. Amma dit : « La pratique de la spiritualité devrait devenir une part aussi indispensable de notre existence que manger et dormir. Sans un équilibre entre le spirituel et le matériel, il est impossible de connaître le vrai bonheur et de réaliser le but de la vie. Cet équilibre est le cœur de la vie, et tel est bien le but du Védanta et de toutes les autres vraies religions du monde. »

Ce livre, le septième volume d'*Éveillez-vous, Mes enfants*, est selon moi la quintessence du Védanta. C'est un moyen infaillible de mener une vie heureuse et réussie. Chaque parole est profonde et contient l'ensemble de la spiritualité et de la vie. La lecture de ce livre pourrait être une méditation, un aperçu de notre Soi intérieur.

Dans tous les coins du monde, nous trouvons bien des gens réputés en tant que spécialistes dans leur domaine respectif, donnant des conférences et dirigeant des ateliers sur des thèmes tels que : « Comment mener une vie heureuse et réussie », « Comment vaincre le stress », etc. C'est un phénomène courant de l'époque moderne. Dans une certaine mesure, ces travaux sont bénéfiques, mais à la longue, ils s'avèrent inefficaces. Leur effet sur les participants est temporaire, et ceux-ci retombent dans leurs anciennes habitudes mentales. Pourquoi ? C'est que les précepteurs eux-mêmes n'ont pas le pouvoir de pénétrer profondément jusqu'à la cause réelle d'un problème et de l'extraire entièrement, avec ses racines. Seul un Maître authentique comme Amma en est capable.

Nous vivons à une époque remplie de peur et d'angoisse, une époque caractérisée par une souffrance profonde, atroce. Comment sortir d'une telle souffrance ? Comment atteindre l'autre rive de l'existence ? Comment demeurer calme et en paix au milieu du chaos et de la confusion ? Voici le chemin. Amma nous montre la voie. Bien plus, Elle nous prend par la main et nous guide vers le but. Quel est donc le secret ? Amma nous dit : « Soyez témoin et ne vous éloignez jamais du centre véritable de votre existence. Demeurez dans le Soi et contentez-vous de regarder ce qui arrive. Une fois que vous avez appris l'art de rester témoin, qui est notre vraie nature, alors tout n'est plus qu'un jeu magnifique et enchanteur. »

Dans Ses dialogues avec les disciples et les dévots, Amma, incarnation de la Vérité, révèle, pour le bénéfice de Ses enfants, plusieurs niveaux de connaissance. La voie, illuminée par les douces paroles, remplies de compassion, de notre Mère bien-aimée, est alors clairement visible. Il ne nous reste plus qu'à parcourir ce raccourci. Ne vous inquiétez pas, il n'y a rien à craindre, car Amma sait que nous sommes des enfants aux pas mal assurés. Elle marche donc à nos côtés, nous tenant fermement la main, Elle nous aide et nous guide avec un amour et une compassion infinis. La victoire nous appartient.

Swami Amritaswaroupananda Pouri

La plupart des événements rapportés dans ce livre se déroulèrent entre début octobre 1984 et janvier 1986. La visite d'Amma au temple de Minakshi, qui eut lieu au milieu de l'année 1977, l'annonce de la fin du Krishna Bhava, faite en octobre 1983, et la mort du poète Ottour Ounni Nambotiripadou, le 25 août 1989, constituent les trois exceptions.

Chapitre 1

Nous ne sommes pas le moi limité, mais l'atman infini

Comment Amma parvient-elle à transformer la vie de tant de personnes, surtout de jeunes gens qui n'ont pas encore joui des plaisirs de l'existence ? C'est une question que beaucoup, croyants et incroyants, posent ouvertement. La réponse est simple : lorsque nous sommes en présence d'Amma et quand nous regardons dans ses yeux, nous avons un aperçu de notre Soi réel. Les yeux d'Amma reflètent l'infini. Tout son être nous laisse entrevoir l'état d'être au-delà du mental, l'état d'où l'ego est totalement absent. En Amma, nous contemplons notre propre pureté, la pureté de l'amour sans tache, la pureté du Soi (*atman*).

Imaginez que toute notre vie, nous ayons mangé une nourriture de mauvaise qualité. Un jour, pour la première fois, nous prenons un repas nourrissant, et nous le trouvons délicieux. Une fois que nous y avons goûté, si nous avons accès à ces aliments, aurons-nous encore envie de mauvaise nourriture ? Non, nous désirerons ces mets nourrissants et savoureux. La présence d'Amma, chacun de ses regards, le contact avec elle, ses paroles et ses actes nous font goûter à l'ambroisie de l'immortalité. Une gorgée suffit à nous faire pressentir que là repose notre vraie nature, l'*atman*. Nous découvrons aussi que les plaisirs que nous avons jusqu'alors éprouvés ne sont rien, comparés à cette expérience de béatitude. Pour la première fois, nous sommes confrontés à cette vérité : nous ne sommes pas le corps, le petit moi limité, mais le Soi tout-puissant et infini, ou l'*atman* (Dieu). Pour citer **Amma** : « Nous prenons conscience que nous ne sommes pas un doux agneau, mais un lion puissant. » Amma raconte une histoire qui illustre bien ce point.

« Une poule couva un jour un œuf d'aigle, qui s'était retrouvé par hasard au milieu de ses œufs. Au bout d'un certain temps, les œufs arrivèrent à maturité et les oisillons sortirent. L'aiglon grandit avec les poussins, grattant le sol pour y chercher des vers. Il était tout à fait inconscient de sa vraie nature — celle d'un aigle puissant. Les jours, les mois passèrent, les poulets devinrent adultes. L'aigle continuait cependant à vivre avec poules et coqs, convaincu d'être l'un d'entre eux. Il vivait dans une illusion totale, identifié à cette existence de coq de ferme bien ordinaire. Un jour, un autre aigle qui planait très haut dans le ciel, aperçut notre « aigle-coq », occupé à gratter la terre et à picorer des vers au milieu du groupe de poules. L'aigle dans le ciel, ébahi, décida de sauver notre aigle-coq en le tirant de son illusion, et il guetta l'occasion de le rencontrer. Un jour que l'aigle-coq se trouvait seul, aigle-ciel descendit et s'approcha de lui. Quand aigle-coq vit le grand aigle descendre du ciel, il fut très effrayé et se mit à glousser comme un poulet. En un instant, toutes les poules accoururent vers aigle-coq pour le protéger. Aigle-ciel dut donc s'éloigner sans avoir réussi sa mission ce jour-là. Mais peu après, aigle-coq s'éloigna de ses amis et aigle-ciel eut ainsi une nouvelle occasion de le rencontrer. Doucement, avec précaution, aigle-ciel s'approcha de nouveau. Il parvint cette fois à lui dire de loin qu'il était un ami, non un ennemi, et qu'il avait quelque chose de très important à lui dire. Aigle-coq, soupçonneux, tenta de s'enfuir, mais aigle-ciel réussit à l'amadouer et à le faire revenir. Il lui expliqua qu'il n'était pas un poulet de ferme ordinaire, mais un aigle puissant comme lui, capable de prendre son essor dans le ciel. Aigle-ciel dit : « Tu n'appartiens pas à la terre. Tu appartiens au vaste ciel infini. Viens avec moi, faire l'expérience de la béatitude de planer dans l'espace. Tu le peux, car tu es exactement comme moi — tu as les mêmes pouvoirs. Viens, essaye ! » Aigle-ciel s'efforçait ainsi de persuader aigle-coq. Celui-ci, au début, doutait. Il pensait même qu'il s'agissait peut-être d'un piège. Mais aigle-ciel était déterminé à ne pas abandonner. Grâce à sa patience et à son tact, il parvint peu à peu à gagner la confiance d'aigle-coq et lui demanda de le suivre jusqu'à un lac proche. Comme ce dernier avait commencé à faire confiance à aigle-ciel, il s'enhardit un peu et le suivit jusqu'au lac. Au bord de l'eau, aigle-ciel dit à aigle-coq : « Regarde donc dans l'eau. Contemple ton reflet et regarde l'étroite ressemblance qui existe entre nous deux. » Il regarda et ne put en croire ses yeux. C'était la première fois de sa vie qu'il voyait son reflet, sa véritable image. Il savait maintenant qu'il n'avait rien d'un poulet, qu'il ressemblait au contraire tout à fait à aigle-ciel. Cette expérience accrut considérablement la confiance qu'il portait à aigle-ciel. Il y gagna aussi beaucoup de confiance en lui-même et se mit à obéir sans condition aux instructions que lui donnait son mentor. Au début, aigle-coq éprouva quelques difficultés à se soulever du sol. Mais peu après, on put voir les deux aigles voler de concert et prendre leur envol dans le ciel avec une grâce majestueuse. »

Amma dit : « La plupart des gens, comme aigle-coq, vivent dans l'ignorance, sans connaître leur véritable demeure ». Elle nous rappelle : « Mes enfants, vous êtes le Soi tout-puissant. L'univers entier est vôtre. Vous êtes le maître de l'univers — en réalité, vous êtes l'univers. Ne vous imaginez pas être faible, impuissant ou limité ».

En présence d'Amma, nous avons un aperçu de notre nature réelle. En elle, nous découvrons notre véritable identité. Nous voilà réduits au silence, et nous la contemplons, émerveillés, car c'est la première fois que nous avons un réel pressentiment de notre existence véritable. Lorsqu'Amma déclare que nous ne sommes pas uniquement le corps, le petit moi, l'ego, mais que nous sommes le Soi, ses paroles nous vont droit au cœur car elles jaillissent directement de la Vérité, de l'*atman* Lui-même. Elle nous conquiert entièrement et nous aide ensuite à prendre notre envol vers les sommets de la spiritualité. Nous vivions comme aigle-coq, sans savoir qui nous étions. Dans la gloire de la présence d'Amma, il nous est révélé en un éclair que nous ne sommes pas de ce monde, mais que nous sommes le Soi.

Lorsque nous nous identifions au corps, au mental et à l'intellect, nous vivons, comme aigle-coq, dans l'illusion. Nous sommes de puissants aigles dorés qui pourraient s'élever vers les hauteurs du vaste ciel spirituel, et pourtant nous vivons et mourons comme des poulets, sans connaître notre nature réelle.

Chapitre 2

Le mental est fou

Amma s'entretenait avec les *brahmacharis* et quelques dévots chefs de famille. L'un des *brahmacharis* posa la question suivante :

« Amma, si nous sommes en réalité l'*atman*, pourquoi est-il si difficile de parvenir à l'expérience de la vérité ? »

Amma répondit : « La vérité est toujours ce qu'il y a de plus difficile et en même temps de plus facile. Pour les êtres ignorants et égocentriques, elle est d'un accès très difficile, mais pour les êtres dotés d'un tempérament inquisiteur et brûlant du désir de savoir, il n'est rien de plus facile.

Les gens ne se soucient que de nourrir l'ego. Ils n'ont cure de connaître le Soi. Pour connaître le Soi, il faut réduire l'ego à la famine. Malheureusement, la plupart des gens en sont incapables. Ils ne font au contraire que s'y accrocher de plus en plus. La tendance dominante des êtres humains est de chercher à obtenir le maximum d'attention. Ils veulent être loués et célébrés, convaincus qu'il s'agit là de leur droit de naissance. Cela nourrit l'ego, qui prospère lorsqu'il reçoit de l'attention. Comment allez-vous accéder à la connaissance du Soi si votre ego, sans cesse, réclame des égards ?

Connaître l'*atman* implique la dissolution du mental. Tant que le mental existe, vous serez sous la coupe de l'ego.

Les gens montrent du doigt les malades mentaux et les appellent « fous ». Ils ignorent qu'en réalité, ils sont eux-mêmes aliénés. Quiconque a un mental est fou car le mental est folie. Dans le cas d'un malade, cette démence se manifeste clairement et on peut la voir. Chez vous, par contre, elle ne se manifeste pas de façon aussi évidente mais il y a bien folie, car le mental est là.

Regardez les gens en proie à l'agitation, à l'angoisse ou à la colère. Ils deviennent réellement fous. La colère n'est rien d'autre qu'un état d'aliénation temporaire, et il en va de même de l'inquiétude et de l'angoisse. Une colère intense rend fou ; on parle et on agit alors comme un dément. C'est un état passager dans lequel on perd son équilibre mental. Lorsque cet état devient permanent, il est appelé maladie mentale. Si vous cédez trop au mental, sans le garder sous contrôle, vous perdez votre stabilité et sombrez dans la folie. Le mental est l'ego, qui rend très égocentrique. Mais il s'agit au contraire de se centrer sur le Soi (*atman*), le cœur réel de l'existence. Pour cela, il faut abolir le mental. L'ego doit mourir. Alors, alors seulement, il est possible de demeurer dans l'état de *sakshi bhava* (conscience témoin).

Sur votre chemin vers la vérité, l'ego constitue l'obstacle majeur. Il n'a pas en lui-même d'existence réelle car le mental et l'ego sont factices[1].

Nous avons à présent le sentiment que l'ego et le mental sont nos amis, mais ils ne font que nous égarer, que nous éloigner de notre nature réelle. Le mental et l'ego n'ont par eux-mêmes aucun pouvoir. La source de leur pouvoir est l'*atman*, notre existence véritable. L'*atman* est notre vrai maître. Mais nous sommes actuellement sous l'autorité de faux maîtres, le mental et l'ego,

---

[1]   Le mental possède quatre fonctions ou aspects distincts. Ce sont : le mental = la faculté de douter ; *chitta* = le magasin des souvenirs ; *buddhi* = la faculté de discerner ; *ahamkara* = l'ego, le sentiment du moi et du mien. Il s'agit du même mental, portant des noms différents suivant la fonction qu'il assume.

et nous nous fourvoyons en les suivant. Non seulement ils nous plongent dans l'illusion, mais ils voilent le visage de notre nature réelle. Sachant cela, efforcez-vous de sortir de la coquille limitée du mental et de l'ego. Pour que la graine germe et croisse, pour qu'elle devienne un grand arbre, il faut que l'enveloppe extérieure se brise et meure. De même, à moins que l'ego ne meure, il est impossible de réaliser la vérité intérieure. »

L'ego se nourrit d'attention

Question : « Amma, tu dis que l'ego se nourrit d'attention. Qu'entends-tu par là ? »

Amma : « Mes enfants, chaque jour, à tout instant, nous nous comportons ainsi. Ce besoin d'attention fait partie de la nature humaine et nous en réclamons tous, que nous en soyons conscients ou non. Les êtres humains ont une tendance innée à faire en sorte d'attirer l'attention d'autrui. Même un enfant demande de l'attention. Le mental et l'ego ne peuvent exister s'ils n'en reçoivent pas.

Un mari désire la considération de sa femme et réciproquement. Les enfants veulent l'attention de leurs parents. Les hommes recherchent celle des femmes et les femmes souhaitent être remarquées par les hommes. Les gens sont capables de n'importe quoi pour que l'on fasse attention à eux. Le monde entier a soif de considération. Cette tendance existe aussi chez les animaux. La seule différence est qu'ils ont une autre façon de la rechercher. Quiconque possède un mental et un ego a besoin d'attention et ne peut vivre sans en recevoir.

Dans presque tous les pays, la manière dont les gens se comportent pour obtenir la considération des autres est la même. Cela prend des formes beaucoup plus criantes chez les adolescents de toutes les nations. Ils se livrent parfois à des actes fort stupides pour attirer l'attention d'autrui, surtout celle du sexe opposé. Mais à cet âge, ils sont totalement sous l'emprise du mental et de l'ego, c'est pourquoi ils se comportent ainsi. Le mental est fou. Lorsque vous êtes entièrement sous sa coupe, que peut-il en sortir, sinon de la folie ? Un mental fou ne peut engendrer que la démence.

Avec l'âge, le mental et l'ego mûrissent, ils deviennent plus subtils, et les moyens utilisés pour attirer l'attention s'affinent, eux aussi. Les méthodes sont plus raffinées, mais le désir est toujours là.

Amma a un jour entendu raconter cette histoire :

Un journaliste écrivait un article sur le maire d'une ville. Désireux de connaître l'opinion des gens à son sujet, il interrogea un échantillon représentatif de la population de la ville, demandant aux gens ce qu'ils pensaient de leur maire. Tous se plaignaient de lui. On le disait sans cœur et corrompu, on le blâmait de tout ce qui n'allait pas dans la cité. Beaucoup déclaraient regretter avoir jamais voté pour lui. C'était un maire très impopulaire. Le journaliste rencontra enfin le maire. Il lui demanda quelle rémunération il recevait pour son travail. Le maire expliqua qu'il ne recevait aucun salaire. « Pourquoi donc désirez-vous tant conserver votre poste, alors que vous ne gagnez rien et que les gens vous haïssent ? » demanda le journaliste. « Je vais vous le dire, mais hors magnétophone », répondit le maire. « Je suis peut-être impopulaire, mais j'apprécie les honneurs et l'attention dont je jouis. »

Bien des meurtres sont commis dans le seul but d'obtenir de l'attention. L'ego a pris de telles proportions que la personne songe à se faire reconnaître par des actes d'une extrême cruauté. Cela se produit partout dans le monde.

Il y a quelques semaines, un jeune homme est venu voir Amma et lui a déclaré sans honte que son vœu le plus cher était de devenir célèbre et qu'il nourrissait un désir intense de voir son nom et sa photo dans un journal important. Amma lui a parlé un certain temps, s'efforçant de lui faire comprendre la sottise d'une telle attitude. Il finit par changer d'avis et regretta ce qu'il avait dit. Il avait été honnête et avait ouvertement avoué son désir à Amma, mais n'est-ce pas ce à quoi aspirent la plupart des gens ? La différence est qu'ils sont rarement sincères et ne disent guère ce qu'ils éprouvent. Il y a un grand mur entre les gens, entre les individus et la société. À cause de la prédominance de l'ego, les gens ont perdu la faculté d'être ouverts. Ils se soucient uniquement de suivre leur mental et de satisfaire leurs désirs.

Quand un enfant pleure, il réclame de l'attention. Lorsqu'on désire réussir dans sa profession, on cherche à être considéré. On ne veut pas se contenter d'être un être humain ordinaire, on désire être extraordinaire, meilleur que les autres. Incapable d'être satisfait de ce que l'on a, on éprouve le besoin d'être reconnu et honoré. Ce phénomène vient de la tendance actuelle à vivre plus dans le mental que dans le cœur. Amma ne dit pas qu'il ne faut pas nourrir de telles ambitions. Ce n'est pas un problème, à condition qu'elles ne vous rendent ni trop orgueilleux, ni égocentrique. Ne vous laissez pas entraîner par le mental et ses désirs.

S'il apprend à être moins égocentrique, un scientifique obtiendra de meilleurs résultats dans ses recherches. Un politicien qui découvre comment travailler plus avec le cœur qu'avec le mental est un meilleur exemple et devient une source d'inspiration pour autrui. Et un sportif réalise de meilleures performances s'il parvient à contrôler son ego.

Plus vous êtes égocentrique, plus vous réclamez d'attention et plus vous devenez vulnérable. Vous attendez des autres qu'ils vous parlent et se comportent envers vous d'une certaine manière, vous exigez qu'ils vous respectent, même si vous ne le méritez pas.

Amma connaît un musicien qui exige des autres un respect extrême. C'est un artiste de talent, mais son orgueil a fait de lui une personnalité peu attirante. Un de ses admirateurs, lui même très bon musicien, fit un jour une remarque sur la façon dont notre artiste interprétait un certain chant classique indien. Il s'exprimait devant un petit cercle de fidèles du musicien. Celui-ci ne put malheureusement pas supporter la critique, bien qu'elle fût exprimée de façon très modérée et respectueuse. Il la ressentit comme une insulte et en gifla publiquement l'auteur.

Les êtres égocentriques, quels qu'ils soient, ont grand peur qu'on leur manque de respect. Ils craignent de perdre leur importance, ce qui est pour eux inimaginable, car c'est là le fondement même de leur existence. Leur ego se nourrit de l'admiration et du respect qu'ils reçoivent, et s'ils n'en obtiennent pas, ils s'effondrent. Si on ne chante pas leurs louanges, si on ne leur accorde pas le respect ou l'attention qu'ils demandent, cela les irrite et ils perdent leur sang-froid. Leur ego, le sentiment qu'ils ont de leur importance, leur rend toute critique intolérable, même s'il s'agit d'une critique constructive. Tout ce qui les met quelque peu en cause les blesse profondément. Ils veulent toujours être le centre de la discussion, surtout s'ils sont eux-mêmes présents. Leur vie entière tourne autour de l'attention qu'ils obtiennent des autres. Lorsque de telles personnes prennent enfin leur retraite, leurs souvenirs deviennent leur seule source de distraction. Elles vivent alors dans le passé, car c'est la période où elles ont reçu le maximum de considération. La retraite est pour elles une expérience malheureuse car rien ne vient plus nourrir leur ego, sinon leurs souvenirs. Soit elles vivent dans le passé, soit elles gardent auprès d'elles quelques-uns de leurs ardents admirateurs, afin de recevoir encore de l'attention et d'entendre parler de leur gloire révolue.

Écoutez cette histoire, elle ne manque pas d'intérêt.

La période de la dissolution finale était terminée, une nouvelle création allait naître. Brahma, le créateur, conçut de nombreuses espèces. Le moment venu d'attribuer à chacune sa durée de vie, il commença par l'être humain. Il lui assigna une durée de vie de trente ans. Mais l'être humain n'était pas satisfait et il réclama une vie plus longue. Brahma répliqua qu'il ne pouvait arbitrairement allonger cette durée, car le nombre total d'années accordées à l'ensemble des créatures vivantes était déjà fixé. Mais l'être humain insista pour obtenir une vie plus longue. Il pria et plaida sa cause auprès de Brahma, tant et si bien que le Seigneur dit enfin : « D'accord, je vais voir si je peux t'aider. Reste à côté de moi et attends. Je vais maintenant appeler les autres créatures. Si une des espèces ne veut pas toutes les années qui lui ont été attribuées, je la laisserai décider combien de temps elle souhaite vivre et je te donnerai le reste. » L'homme accepta avec joie et resta à côté du créateur, tandis qu'il appelait chaque espèce.

Brahma appela d'abord le bœuf et lui attribua une durée de vie de quarante ans. Le bœuf dit : « Ô Seigneur, je ne pourrai supporter de vivre une vie aussi longue. Aie pitié de moi et écourte-la de moitié. » C'est ce que fit Brahma, et il transféra à l'être humain les vingt années qui restaient de la vie du bœuf. L'homme se réjouit de vivre cinquante ans.

Brahma appela ensuite l'âne, auquel il attribua une vie de cinquante ans. D'une voix plaintive, l'âne dit : « Ô Seigneur, ne sois pas si cruel ! Mieux vaudrait ne pas m'avoir créé du tout. Seigneur, je ne souhaite pas vivre aussi longtemps. Vingt-cinq années sont plus que suffisantes pour moi. Je T'en prie, aie la bonté de ne pas me donner plus. » L'être humain fut donc gratifié de vingt-cinq années supplémentaires. Sa durée de vie était ainsi portée à soixante-quinze ans. Mais il attendait encore, plein d'espoir.

Après l'âne, Brahma appela le chien, et il s'apprêtait à le bénir en lui donnant trente années de vie, quand le chien se mit à hurler et à protester. Il dit au Seigneur : « Non, non, mon Seigneur ! Je ne veux pas rester sur terre plus de quinze ans. » L'homme reçut ainsi une autre prime de quinze ans.

Brahma se tourna pour voir si l'homme était satisfait. Mais hélas ! L'insatisfaction était toujours peinte sur son visage.

La cinquième espèce convoquée était le ver. Brahma lui proposa une vie de dix ans. En entendant cela, le ver faillit s'évanouir. Il supplia le créateur : « Ô Seigneur, à l'idée d'une vie aussi misérable et aussi longue, je tremble. Aie la bonté de la réduire à quelques jours ! » L'homme se réjouit de nouveau en recevant dix années supplémentaires, ce qui portait la durée de sa vie à cent années complètes. Ayant obtenu une longévité de cent ans, l'homme, heureux, dansa joyeusement pour fêter cela. Puis il commença sa vie sur terre.

Mes enfants, jusqu'à l'âge de trente ans, la vie est pour l'être humain une période d'éducation — une période où il est libre des soucis et des responsabilités de la vie, où il mène une vie insouciante et facile. Puis il se marie. À partir de ce moment-là, sa vie ressemble en vérité à celle du bœuf. L'homme, attelé au lourd chariot de sa famille, s'épuise à le traîner, comme l'animal, à grand peine, tire son char. Il atteint ainsi l'âge de cinquante ans. Il porte toujours le pesant fardeau des responsabilités de la vie et de la famille. Il ne jouit plus de la santé et de la vigueur d'autrefois, et il se fait paresseux. Sa vie, à cet âge, peut être comparée à celle de l'âne, car il vit maintenant les années que celui-ci a refusées.

Lorsque cette période s'achève, l'homme est complètement épuisé et il a perdu sa force. Au cours des quinze années suivantes, il reste à garder la maison, comme un chien, et il s'occupe des petits-enfants. Il passe le plus clair de son temps seul, assis dans son fauteuil ou allongé, ignoré aussi bien de ses enfants que de ses petits-enfants. Il songe constamment au passé, à ses souvenirs d'autrefois.

Les dix dernières années, empruntées au ver, l'homme les passe à ramper, rendu impuissant par l'âge et la maladie. Son corps et ses sens ont perdu toute force. Il ne peut que rester allongé en ruminant le passé, qui est tout ce qui lui reste. Il finit par quitter cette vie, tout à fait comme un ver. Le caractère affreux d'une telle existence est marqué par le désespoir, le regret et la détresse. »

Tandis qu'ils écoutaient cette belle histoire, les dévots rirent doucement, voyant à quel point elle correspondait à la vérité de la vie. « Mes enfants, apprenez à vivre comme si vous n'aviez jamais existé. Alors seulement, vous vivrez dans la vérité. »

Chapitre 3

Sakshi Bhava (L'état témoin)

Les *brahmacharis* et quelques dévots occidentaux étaient assis autour d'Amma, à la limite de la propriété de l'Ashram. Un des Occidentaux posa une question au sujet de *sakshi bhava*, l'expérience qui consiste à être témoin de tout.

Question : « Amma, l'autre jour tu as mentionné l'état de *sakshi bhava*, de conscience témoin. Je me demande s'il s'agit d'une fonction du mental, ou si cette expérience est au-delà du mental. »

Amma : « Non, ce n'est pas une fonction du mental. *Sakshi bhava* est un état dans lequel on reste toujours détaché, non-affecté, observant simplement ce qui arrive, sans que le mental ni les pensées interfèrent. Il est impossible de demeurer le témoin de tout ce qui arrive si le mental interfère sans arrêt. Ce sont les pensées qui constituent le mental, qui ne sait que penser et douter. Dans cet état suprême de témoin, on ne s'écarte jamais de sa véritable nature.

En *sakshi bhava*, on devient spectateur de toute chose et on se contente de regarder, sans s'attacher ni s'impliquer. On ne fait qu'observer, on est témoin même de ses pensées. Observant consciemment le processus, on ne pense pas — on ne fait rien. On est calme et on regarde, voilà tout, sans être ému ni affecté par quoi que ce soit. Comment le mental pourrait-il connaître cet état, lui qui ne sait que penser, douter et s'attacher ? Il est incapable de rester spectateur.

Le processus de la pensée appartient au mental, tandis que la faculté d'être témoin est l'apanage du Soi. Cela consiste à demeurer dans la pure conscience. Le mental et les pensées ne sont pas réels. Ils sont notre création, une fiction. La Conscience, seule, est réelle. Le fait de penser peut vous sembler naturel, mais il ne l'est pas. Ce mécanisme n'appartient pas à votre existence réelle. Les pensées et l'ego n'engendrent que nervosité et agitation. Ils ne font pas partie de vous, mais tant qu'ils ne seront pas éliminés, vous serez ballotté par les vagues du mental.

L'état de témoin consiste à observer avec une attention parfaite. Dans l'état de *sakshi bhava*, vous êtes absolument conscient. Par contre, lorsque vous êtes identifié au mental et aux pensées, vous n'êtes pas conscient — vous êtes bien loin de la pure Conscience. Vous êtes dans les ténèbres et vous n'y voyez rien. Le mental est incapable de percevoir une chose telle qu'elle est, il ne perçoit que le monde extérieur, la forme extérieure des choses ; il ne voit pas car il ne fait que penser. Et quand on pense, on passe à côté de la réalité de l'objet.

Accumuler et jouir ne font qu'engendrer encore plus de pensées qui vous entraînent loin de votre centre véritable. Pour être témoin, il est nécessaire d'être établi dans un état de détachement total. Un mental qui s'accroche aux objets ne peut rester témoin ; il ne sait que s'attacher aux pensées et aux objets. Il ne se soucie que du « moi » et du « mien ». Dans l'état de témoin, l'expérience du « moi » et du « mien » est absente, on transcende des pensées aussi limitées et étroites.

Le centre réel est à l'intérieur

Lorsque vous êtes le témoin universel, vous n'avez plus aucune exigence. Tout, que ce soit « toi » ou « moi », est Dieu, est la Conscience suprême. Une fois établi dans cet état, rien ne saurait vous blesser ni vous affecter. On s'éloigne du mental et on n'est plus identifié au corps. Le corps est là, mais c'est comme s'il était mort. On n'accorde aucune importance au monde extérieur ni à ce que les gens disent. On sait qu'en réalité, on ne peut plaire ou déplaire à personne. On se comporte parfois comme un fou, à d'autres moments, on paraît une personne ordinaire. On vous croit attaché, l'instant d'après vous voilà au-delà de tout sens de l'attachement. Vous manifestez un amour et une compassion extrêmes puis soudain, vous semblez ne plus posséder la moindre trace d'amour. Dans l'ensemble, votre comportement est imprévisible.

Une fois parvenu à l'état de *sakshi bhava*, vous pouvez adopter l'humeur ou le personnage qui vous plaît, passer à n'importe quel niveau de conscience — du plus haut au plus bas et vice versa. Mais en même temps, vous n'êtes que témoin. Tout devient un jeu magnifique et enchanteur — un drame merveilleux. Extérieurement, les gens vous voient passer d'un personnage à l'autre, d'un lieu à l'autre, d'une émotion à l'autre, mais à l'intérieur, il n'y a aucun mouvement. On ne s'écarte jamais du centre, de la Réalité. Le centre véritable est à l'intérieur. On ne peut le trouver dans le monde extérieur.

Quand on est établi dans ce centre, on ne bouge plus. On y est fixé à jamais. Et en même temps, on peut se déplacer sans limite, par des moyens innombrables, sans jamais quitter ce centre. On devient Dieu, et Dieu a une liberté de manœuvre infinie. Il n'y a pas de limite.

Lorsque vous demeurez au centre de l'existence, vous pouvez décider de tout ignorer, si vous le désirez ; mais si vous voulez sourire à tout, libre à vous. Si vous ne souhaitez ni dormir, ni manger, point n'en est besoin. Vous pouvez en revanche manger ce que vous désirez et si vous préférez dormir pendant un an, c'est possible aussi. Mais à l'intérieur, vous serez éveillé, pleinement éveillé. Vous semblez dormir, mais vous ne dormez pas. Vous semblez manger, mais vous ne mangez rien. Si vous souhaitez demeurer dans le corps, c'est possible. Si vous voulez le quitter, vous le pouvez. Et si vous désirez ensuite le réintégrer, pas de problème. Si vous ne souhaitez pas y retourner, vous restez où vous êtes ; vous pouvez choisir le ventre qui vous portera et le genre de corps que vous aurez. Tout est possible.

Les gens diront sans doute que vous agissez, mais vous savez que vous ne faites rien. Vous vous contentez d'observer, d'être témoin.

Cet état témoin ne survient donc que lorsqu'on est complètement détaché du mental et du processus des pensées. On devient alors parfaitement conscient de tout, y compris du mécanisme de ses propres pensées. C'est une attitude qui peut être cultivée de façon générale par les chercheurs spirituels.

Soyez pleinement conscient

Question : « Amma, qu'entends-tu, lorsque tu parles d'être conscient du déroulement de ses propres pensées ? »
Amma : « Pouvez-vous voir une pensée naître dans votre mental ? Pouvez-vous voir comment elle œuvre et comment elle meurt ? Lorsque vous êtes capable de voir une pensée clairement, elle perd tout pouvoir. C'est l'identification à une pensée qui lui donne son emprise sur vous ; elle aboutit alors à une action. Si vous n'êtes pas identifié à votre pensée, elle n'a aucun pouvoir, elle est sans force, inopérante. Quand vous regardez une pensée sans vous identifier à elle, vous en êtes le témoin. Dans cet état, vous êtes

parfaitement conscient. Le témoin ne pense pas, ce qui signifie que vous ne vous identifiez à aucune de vos pensées. Le témoin est pure conscience.

Si vous rencontrez deux personnes en train de se battre et que vous observez leur querelle, vous n'y participez pas, vous n'avez rien à y voir. Vous en êtes simplement conscient, vous observez lucidement. Quand vous êtes témoin, vous êtes conscient ; vous êtes pleinement éveillé. Rien ne voile votre conscience, elle est claire et ce que vous voyez ne l'affecte pas.

Mais qu'en est-il des personnes qui se disputent ? Elles sont impliquées dans le différend. Il leur est impossible de rien voir, car elles sont profondément endormies. Des énergies négatives telles que la colère, la haine, le désir de revanche, obscurcissent leur mental et les aveuglent. Lorsque l'énergie négative prédomine, vous n'êtes pas vraiment conscient, et vous ne pouvez donc pas être spectateur.

Le mental est constitué d'énergie négative. Les pensées sont de l'énergie négative, tout comme le passé. Devenir témoin consiste à se réveiller pour de bon, à devenir conscient de ce qui arrive, à l'intérieur comme à l'extérieur. Mais en réalité, il n'y a ni intérieur, ni extérieur. Dans cet état de témoin suprême, on devient le centre de tout et on se contente d'observer les changements qui se produisent. Ces changements ne vous affectent jamais car vous êtes devenu le centre, l'essence vitale de toute chose. Dans l'état-témoin, vous vous unissez à l'Énergie cosmique. »

Question : « Amma, tu as dit que lorsque nous atteignons l'état de témoin, rien ne nous affecte plus. Mais contrairement à cette affirmation, on rapporte que même les *Mahatmas* semblent connaître la souffrance physique. »

Amma : « Fils, tu as raison. Il est vrai qu'ils paraissent souffrir. Ils n'éprouvent jamais aucune douleur, mais ils *semblent* la ressentir. Une fois que vous êtes témoin, vous assistez même à la mort de votre corps, vous contentant d'observer sa souffrance.

Écoutez cette histoire : il était une fois un saint qui vivait sur les rives du Gange. Il était parvenu à un état d'absorption totale dans la Conscience divine, et dans cet état, il répétait sans cesse le mantra « *Shivoham, Shivoham* » (Je suis Dieu, je suis Dieu). La psalmodie constante du saint était assez forte pour être entendue des *sannyasis* qui vivaient sur l'autre rive du fleuve. Un jour qu'il était assis sur la berge, répétant comme à l'ordinaire « *Shivoham, Shivoham* », un lion sortit des forêts himalayennes et se dirigea vers lui. Les *sannyasis*, de l'autre rive du Gange, virent avec horreur l'animal approcher et s'apprêter à se jeter sur lui ; ils crièrent de toutes leurs forces : « Attention au lion ! Sauvez-vous en courant ou sautez dans le fleuve ! » Quand le saint vit le lion arriver, il n'éprouva aucune crainte. Il accepta ce qui allait arriver car sa vie était parvenue à son terme. Établi dans un état d'unité avec la création entière, il ne percevait aucune différence entre le lion et lui-même. Le lion et lui étaient un, et c'était lui-même qui rugissait à travers le lion. Il resta assis où il était et continua sans aucune peur à répéter calmement « *Shivoham, Shivoham* ». Les *sannyasis* virent le lion sauter sur le vieux saint. La bête se mit à dévorer son corps. Mais quel miracle ! Le saint continuait à psalmodier « *Shivoham, Shivoham* », comme si lui-même, sous la forme du lion, se contentait d'apaiser sa faim. Tout au long de cette scène tragique, le saint se comporta comme si rien ne lui arrivait.

Certains biscuits ont la forme de différents animaux, par exemple celle d'un tigre ou celle d'un lapin. Croyez-vous qu'un biscuit en forme de tigre soit un tigre, rien que parce qu'il en a la forme ? Et quand vous voyez un biscuit lapin et un biscuit tigre l'un à côté de l'autre, pensez-vous que le lapin ait rien à craindre du tigre ?

Le biscuit-lapin va-t-il éprouver de la peur, en songeant que le biscuit-tigre va le tuer et le dévorer ? Non, bien sûr que non. Il n'y a entre eux aucune différence fondamentale. Les formes variées sont constituées des mêmes ingrédients. Il en va de même lorsque vous connaissez votre vraie nature, l'*atman*. Vous devenez un témoin détaché, impersonnel, qui observe tout, avec une conscience parfaite, sachant que les différentes formes de tous les phénomènes, aussi bien les êtres vivants que les circonstances de la vie, sont constituées du même ingrédient de base — le Soi.

Le mental est fait de votre passé. Mourez au passé, et vous deviendrez soudain pleinement conscient. Le passé n'est que décombres morts. Débarrassez-vous de lui et vous apprendrez à être témoin. Quand vous mourez à votre passé, à vos pensées et à vos souvenirs, vous êtes pleinement dans le présent. Lorsque vous vivez réellement dans le présent, vous n'êtes qu'un témoin. Le passé n'existe qu'aussi longtemps qu'il y a des pensées. Une fois les pensées éliminées, il disparaît et vous demeurez dans votre Soi intérieur. Le Soi ne fait rien d'autre que de rester témoin. Le Soi n'est pas une personne — il est pure Conscience. Il est complètement détaché de tous les phénomènes. C'est l'état d'être qui consiste à être le sujet, le cœur de votre existence.

Mes enfants, vous menez à présent une vie inconsciente. Vous vous étonnez sans doute et songez : « Comment est-il possible que je sois inconscient ? Je marche, je mange et je respire, et pourtant Amma dit que je mène une vie inconsciente. Mais bien sûr que je suis conscient ! Sinon, comment ces phénomènes pourraient-ils se produire, en moi et autour de moi ? » Vous pouvez avancer cent arguments pour prouver que vous êtes conscient, mais la vérité demeure : vous ne l'êtes pas.

Mon fils, tu peux dire que tu es pleinement réveillé, parce que tu marches, tu manges, tu respires et tu vois. Certes, tu accomplis ces actes, mais fils, combien de fois par jour as-tu réellement conscience de tes mains et de tes jambes, de ta langue, de ta bouche ou de ton souffle ? Même lorsque tu manges, tu n'as pas conscience de la main qui te nourrit ou de la langue dans ta bouche ; quand tu marches, tu n'as aucune conscience de tes jambes — et as-tu conscience de respirer ? Tandis que tu regardes alentour et observes avec tes deux yeux la beauté et la laideur qui s'étalent devant toi, as-tu conscience de tes yeux ? Même lorsqu'ils sont grands ouverts, es-tu conscient d'eux ? Non, pas du tout. Tu agis, mais tu agis de façon inconsciente. Tu mènes une vie inconsciente. Et pourtant, tu t'empresses de déclarer que tu es conscient, que tu mènes une vie consciente. Réveille-toi donc et sois conscient. »

Amma cessa de parler et resta assise en méditation. Au bout d'un moment, elle ouvrit les yeux et demanda au *brahmachari* Balou de chanter un *kirtan*. Il chanta :

Nirkkumilapol Nimishamatram...

*La création entière naît
Et se dissout en un instant, comme une bulle.
Tant que le mental n'a pas disparu,
C'est un phénomène impossible à comprendre.*

*Le mental ne s'évanouira
Que quand vous réaliserez qu'il est illusion.
Vous ne pouvez comprendre le mental,
Il est enveloppé de ténèbres.*

*Le mental ne peut saisir le mental,
Car il cache sa vraie nature
Mais il proclame qu'il sait.*

Vous finirez par comprendre
Que le mental ne sait rien
Vous le saurez
En gardant votre mental calme et ferme
Et en accomplissant une ascèse.

Quand vous avez vraiment compris,
Alors vous savez
Que le mental n'existe pas,
Qu'il est un non-mental :
Et lorsqu'il n'est plus,
Tout est l'atman lumineux,
Le pur Soi.

La faculté d'être témoin existe en nous

Le chant terminé, Amma se remit à parler de l'état de témoin.

« C'est une expérience que nous rencontrons bien dans la vie quotidienne. Il s'agit simplement d'en prendre conscience. Une fois que cette conscience naît en vous, lorsque vous en connaissez le goût, la joie et la béatitude, vous êtes sur la bonne voie.

Imaginons qu'un mari et sa femme se disputent. Ils s'invectivent et s'insultent, utilisant les mots les plus durs. C'est alors que les voisins entrent en scène. Ayant entendu les cris, ils sont venus voir ce qui se passait. Ils font de leur mieux pour apaiser et consoler le couple qui se déchire, mais celui-ci continue à se déchaîner. Les voisins leur parlent, s'efforçant de les conseiller. Tandis qu'ils tentent de régler cette situation délicate, ils restent très calmes et maîtres d'eux-mêmes. Ils sont capables de cerner le problème et d'y travailler, et parviennent finalement à réconcilier les deux adversaires.

Comment firent-ils pour rester calmes et tranquilles ? C'est qu'ils n'étaient que les témoins de la scène. Ils n'y participaient pas. Leur mental n'était pas aussi obscurci ni turbulent que celui du couple qui se querellait. Ils étaient beaucoup plus calmes et purent, grâce à cela, être de bon conseil.

Le couple qui se battait, par contre, était le jouet des énergies sombres et négatives émises par leur mental en tumulte. Ces deux personnes étaient agitées et plongées dans des ténèbres absolues, intérieures et extérieures. Elles étaient complètement aveugles. Aucune des deux ne pouvait regarder la situation en témoin car chacune était totalement identifiée à son mental négatif. Les voisins en revanche, étaient alors en paix avec eux-mêmes, ce qui leur permit d'avoir une vision plus claire du problème. Il y avait en eux un peu de lumière, c'est-à-dire qu'ils n'étaient pas impliqués dans la situation. C'est pourquoi ils purent, dans une plus large mesure, prendre du recul et se contenter de rester témoins des événements. Ils n'étaient pas totalement aveugles. Le voile des pensées turbulentes était bien moins épais en eux que chez l'autre couple. Mais l'inverse se produirait si c'était eux qui se disputaient. Leurs voisins, qui se battaient, pourraient alors prendre du recul et rester témoins ; ils joueraient à leur tour le rôle de conseillers.

Cet exemple montre que cette faculté existe en chacun de nous. Il prouve aussi que pour rester témoin, le mental doit être calme et tranquille, il faut être détaché.

Si nous nous trouvons dans ce *sakshi bhava* à certains moments de la vie, nous devrions être capables d'y demeurer à tout instant, quelle que soit la situation. Il est possible d'y parvenir car telle est en réalité notre véritable nature.

Dans l'histoire de la dispute, le mental existe encore. À ce moment précis, il a ralenti son rythme, mais l'agitation reviendra. Il est très difficile de rester dans un état témoin lorsque des circonstances difficiles surgissent dans notre propre vie.

Dans le monde entier, il existe des psychothérapeutes, des conseillers et des guérisseurs qui s'efforcent de soigner les problèmes physiques et mentaux. Ce sont peut être des experts dans leur domaine, mais ce sont des professionnels qui accomplissent un travail et y sont attachés, ainsi qu'à bien d'autres choses. Il est impossible d'être témoin si on éprouve le moindre attachement. Comment aider autrui lorsqu'on est lié par de nombreuses attaches ? Seul celui qui connaît l'art de rester témoin, celui qui est établi dans le Soi, dans le centre réel, peut apporter une aide réelle. Les spécialistes analysent les problèmes de leurs patients, des problèmes ont leur origine dans le passé. Ils leur suggèrent alors certaines méthodes qui leur permettront de surmonter leur dépression ou leur angoisse. Tant que c'est quelqu'un d'autre qui a besoin de leur aide, tout va bien. Ils peuvent, jusqu'à un certain point, l'aider. Mais qu'arrive-t-il si une difficulté surgit dans leur vie personnelle ? Tout s'effondre. Le thérapeute est incapable de pratiquer pour lui-même les méthodes qu'il a essayées sur ses clients. Une fois que quelque chose va de travers dans sa vie, il ne peut plus conseiller les gens efficacement. Il devient inutile. Pourquoi ? Tant qu'une autre personne requiert son aide, le thérapeute est capable, dans une certaine mesure, de regarder la situation en spectateur. Son mental est relativement clair et il examine les difficultés de l'autre. Comme il n'est pas impliqué, il peut suggérer quelques méthodes utiles. Mais quand le problème se pose dans sa propre vie, le mental révèle ses tendances négatives. Il ne peut plus être témoin, car il est lui-même pris dans les rets de la situation. Il y est complètement identifié.

À quoi servent nos méthodes si nous ne pouvons pas les appliquer dans notre vie personnelle ? Et sans les pratiquer, comment pouvons-nous nous attendre à ce qu'elles fonctionnent avec efficacité pour autrui ?

Mes enfants, l'état de *sakshi bhava* est le vrai but de la vie. Cet état suprême du témoin est le pivot autour duquel la totalité de la vie et de l'univers évolue. Vous pouvez travailler, utiliser votre mental et votre intellect, posséder une maison, avoir une famille, assumer de nombreuses responsabilités familiales et exécuter bien des devoirs officiels, mais une fois que vous êtes établi en *sakshi bhava*, dans le véritable centre, vous pouvez faire n'importe quoi sans vous en éloigner d'un centimètre.

Être dans l'état de *sakshi bhava* ne signifie pas demeurer oisif, ne pas s'acquitter de son devoir. Vous vous occupez des études de vos enfants, ou de la santé de vos parents et de votre femme, mais au milieu de ces problèmes extérieurs, vous restez un *sakshi*, un témoin, aussi bien des événements que de vos actions. Intérieurement, vous êtes parfaitement tranquille, vous n'êtes pas affecté.

Dans un film, nous voyons l'acteur qui joue le rôle du méchant tirer sur son ennemi, se mettre en colère, se montrer cruel, trahir. Mais l'acteur, au fond de lui, éprouve-t-il vraiment de la colère ? Est-il réellement cruel ? Se livre-t-il pour de bon à de tels actes ? Non. Il n'en est que le témoin. Il prend du recul et regarde sans s'impliquer, sans en être affecté. Il ne s'identifie pas avec les sentiments exprimés par son corps. Ainsi, quelles que soient les circonstances, rien ne trouble, rien n'affecte celui qui est établi dans l'état de *sakshi bhava*.

Question : « Amma, tu dis qu'un tel être reste calme, que les circonstances soient favorables ou défavorables, et que rien ne le perturbe. Mais tu dis aussi qu'extérieurement, il peut se comporter comme une personne ordinaire. Cela semble contradictoire ! »

Amma : « Un *sakshi* peut choisir. Il peut, à son gré, exprimer des émotions, ou bien ne pas être affecté. Mais de telles personnes, même si elles expriment en apparence des sentiments humains ordinaires, sont dotées d'un charme et d'une beauté incomparables. Elles possèdent un charisme naturel. Elles manifestent des sentiments variés, mais elles choisissent de les éprouver. Si elles préfèrent demeurer calmes, tranquilles et détachées, rien de plus facile. Si elles veulent exprimer de tout leur être des sentiments tels que la compassion et l'amour portés à leur sommet, cela leur est possible aussi. »

Amma poursuivit : « Une fois que vous êtes réalisé, si vous souhaitez donner extérieurement l'impression qu'une personne, une expérience ou une situation, vous émeut, vous laissez l'émotion se manifester. Rappelez-vous que vous êtes celui qui permet à un événement de se produire ou non, parce que votre mental, que vous contrôlez parfaitement, n'acceptera ni ne rejettera rien, n'aura aucune réaction sans votre permission. Si vous voulez demeurer tranquille et détaché, en tant que *sakshi*, c'est possible. Mais si vous voulez donner un exemple de renoncement, de sacrifice et d'amour désintéressé, vous vivez selon cet idéal. Il vous faudra peut-être endurer des chagrins et des souffrances extrêmes, plus qu'un être humain ordinaire. Mais cependant, intérieurement, rien ne vous affecte.

Imaginez que vous souhaitiez manifester envers quelqu'un une sympathie profonde et participer à son chagrin. Vous savez qu'en agissant ainsi, vous transformerez sa vie. Vous exprimez donc cette tristesse. Mais vous restez témoin de ce que vous exprimez. La personne qui se tient devant vous vous est reconnaissante de partager ses sentiments. La profondeur de votre amour et de votre sollicitude ont un grand impact sur elle, car lorsque vous exprimez un sentiment, vous le faites de tout votre être, vous l'exprimez à la perfection et pleinement. Vous ne faites jamais rien partiellement ; votre être entier y participe. Vous pouvez de même, à tout moment, adopter l'humeur de votre choix, bonne ou mauvaise et les gens en sont profondément touchés, émus dans leur cœur. Vous ne manquez jamais d'avoir l'effet voulu sur la personne. Mais le *Mahatma* n'est que le témoin de l'humeur qui s'exprime à travers sa forme.

Si le *Mahatma* le souhaite, il peut exprimer la colère, l'inquiétude, la crainte ou l'énervement. Mais cela n'est qu'une apparence extérieure car son mental reste toujours calme et tranquille. Pour lui, cela revient à porter un masque. Le *Mahatma* porte des masques variés : la colère, la joie, le chagrin et la peur mais il le fait dans un certain but et une fois celui-ci atteint, il ôte le masque. Il sait qu'il n'est pas le masque, jamais il ne s'y identifie.

Notre problème, c'est que nous nous identifions à toutes les humeurs du mental. Lorsque nous sommes en colère, nous *devenons* la colère. Il en va de même avec la peur, l'énervement, l'inquiétude, le chagrin et la joie. Nous devenons un avec cette émotion, qu'elle soit positive ou négative, nous nous identifions au masque.

Quand vous êtes dans une humeur négative, vous êtes peut-être en colère, et quand vous êtes détendu, vous vous sentez peut-être en paix et plein d'amour envers les autres. En réalité, aucune de ces humeurs n'est véritablement vous. Prenons un exemple : vous avez une maison, une famille, un beau chien et un chat. Imaginez que quelqu'un vous demande : « À qui appartient cette maison ? » Que répondrez-vous ? « C'est ma maison. » Et de même à propos de votre voiture, de votre famille, du chat et du chien. Ils vous appartiennent tous. Mais ce qui est à vous n'est pas vraiment vous, c'est différent de vous. La maison vous appartient, mais elle n'est pas vous. Ce corps est le vôtre, mais il n'est pas vous. Il en va de même du mental, des pensées, des sentiments et de l'intellect. Ils sont à vous, mais ils ne sont pas vous. Vous êtes celui qui voit avec les yeux, éprouve les émotions et tisse les pensées. Vous êtes celui qui ressent, pense, voit, entend et goûte. Vous faites ces expériences, vous en êtes le sujet. Une fois que vous en avez pris conscience, les différences tombent et vous transcendez tout.

Ignorant que vous êtes la puissance qui régit l'univers entier, inconscient d'en être la force vitale, d'être la totalité de l'énergie existante, vous vous identifiez à votre mental, à ses sentiments et à ses pensées, et vous dites : « Je suis un tel — je suis en colère, j'ai soif, j'ai faim. » Vous vous identifiez à l'extérieur, non à l'intérieur. Lorsque vous êtes identifié à l'intérieur, il n'y a plus d'intérieur ni d'extérieur, parce que vous avez transcendé les deux.

Pendant toute Sa vie, de Sa naissance à la fin de Son incarnation sur terre, Krishna demeura le simple témoin de ce qui Lui arrivait, de tout ce qui se déroulait autour de Lui. Jamais le sourire qui illuminait Son visage ne disparut, qu'il fût sur le champ de bataille ou aux prises avec un autre défi de la vie. Il garda un calme parfait et le même magnifique sourire. Lorsque Dwaraka, Sa résidence, fut engloutie par la mer, ou quand le chasseur tira la flèche fatale qui mit fin à son existence terrestre, Krishna conserva Son sourire bienveillant, car Il ne S'écarta jamais de l'état de *sakshi bhava*. Il était le témoin constant de tout ce qui arrivait dans Sa vie. Jamais Il ne S'identifia à l'extérieur. Il demeura toujours le Soi suprême. »

Amma s'arrêta de parler, soudain transportée dans un autre monde. Elle éclatait de temps à autre d'un rire extatique. Au bout d'un moment, elle se mit à exécuter des gestes circulaires de la main droite. Elle ouvrit les yeux et demanda aux *brahmacharis* de chanter. Ils chantèrent :

Parisuddha Snehattin...

*Ton Nom
Est le nom de l'amour pur,
Tu es le reflet de la vérité éternelle,
Tu es le vivifiant fleuve de paix*

Qui vient rafraîchir mon cœur.

Ta générosité est sans limite
Envers ceux qui viennent à Toi
En quête des plaisirs de ce monde
Te priant de satisfaire leurs désirs.

Tu accordes
Le nectar de la Connaissance
Aux fidèles qui s'abandonnent à Tes pieds.
Tu es la demeure de la paix et de l'amour
Qui appelle l'âme.

Partout dans le monde,
Tu répands le message de la fraternité,
Et Tu chantes l'hymne
De la liberté éternelle.

Tu nous inspires
Et nous conduis vers le pays
De la liberté éternelle.
Ayant allumé la lampe de l'amour,
Tu nous guides sans relâche
Vers la connaissance de la vérité éternelle.

À Tes pieds de lotus
Je dépose une fleur
Cueillie au tréfonds de mon cœur,
En Te priant de m'accorder
Une dévotion sans partage
Et un yoga inébranlable,
Afin que je parvienne
À la béatitude du Soi.

Amma, le témoin universel (sarvasakshi)

Amma est l'exemple vivant de l'état suprême de *sakshi bhava*. Il suffit de l'observer avec attention pour voir que cet état ne la quitte jamais. Sa vie entière en donne l'exemple. Pendant toute son enfance elle fut en butte à d'innombrables tribulations et subit des épreuves sévères. Vivant au milieu de gens totalement ignorants, elle dut faire preuve d'une patience et d'un détachement infinis pour accomplir ce qu'elle fit. Devant les immenses difficultés qu'il lui fallut affronter, elle demeura aussi ferme et inébranlable que l'Himalaya.

La *Bhagavad Gita* déclare :

> Il est impossible de fendre ou de brûler Brahman ou l'*atman*, rien ne le mouille ni ne le sèche. Il est éternel, il pénètre tout, il est stable, immuable et impérissable.

> — Chapitre 2, verset 24

Rien ni personne ne pouvait affecter Amma. Jamais elle n'a regardé en arrière pour s'affliger, jamais non plus elle ne s'est inquiétée du futur. Calme et courageuse, elle est parvenue à affronter en souriant les situations difficiles de la vie, toujours prête à accepter les événements. Devant les souffrances sans fin qu'il lui fallut endurer, une personne ordinaire se serait effondrée, perdant toute confiance en elle et tout courage.

En dépit de circonstances aussi difficiles, en dépit du fait qu'elle n'avait aucun soutien, pas même de la part de sa propre famille, Amma réussit à créer, seule, une grande organisation spirituelle.

Elle est née dans un pauvre village de pêcheurs, ne reçut aucune éducation et ne disposait d'aucun argent. Et pourtant, elle s'est élevée jusqu'à des sommets inimaginables ! Comment peut-on expliquer ce phénomène ?

Il y a quelque temps, quelqu'un a demandé à Amma : « Que pensez-vous de l'immense transformation qui s'est produite autour de votre ashram et de l'organisation ? Il y eut une époque où les gens vous décriaient et vous créaient toutes sortes d'obstacles. Mais vous êtes maintenant reconnue et adorée dans le monde entier. Quel est votre sentiment à ce sujet ? »

Amma répondit en souriant : « Pour Amma cela ne fait aucune différence, Amma est toujours la même. À l'époque où se présentaient les prétendues difficultés, Je vivais dans mon propre Soi ; maintenant que la prétendue célébrité est venue, je continue à vivre dans mon propre Soi. »

Oui, Amma est toujours la même et son amour et sa compassion jamais ne faiblissent. Il n'y a jamais aucune différence, et pourtant, quand elle le souhaite, elle se montre joueuse et semble une enfant. Elle peut éteindre l'écran du monde et demeurer dans son propre plan de conscience, à son gré. Elle peut rester complètement détachée et se passer de nourriture et de sommeil aussi longtemps qu'elle le désire. Le monde ne l'affecte pas le moins du monde.

Plusieurs fois, les villageois ignorants menacèrent de la tuer. Ils l'insultèrent et répandirent de fausses rumeurs à son sujet. Son propre frère aîné, Soubhagan, avec l'aide d'un de ses cousins, alla même jusqu'à tenter de la poignarder. Mais alors même, elle leur dit en souriant : « Je n'ai pas peur de la mort. Vous pouvez tuer ce corps, mais le Soi est immortel, indestructible, vous ne pouvez pas tuer le Soi. » Elle s'assit ensuite, calme et tranquille. Ses deux agresseurs se trouvèrent impuissants et ne purent rien lui faire. Tel est le pouvoir du Soi (*atman*). Ce n'est possible que pour une personne demeurant en *sakshi bhava*, qui observe tout et reste dans l'état suprême de la conscience-témoin.

Le pouvoir infini du Soi

Amma dit un jour : « Une fois que l'on est établi dans l'état sans mental, nul ne peut rien vous faire, à moins que vous ne le laissiez agir de votre plein gré. On peut permettre à un événement de se produire ou de ne pas se produire. Que cela arrive ou non, on reste témoin, sans être touché ni affecté, car on a atteint à jamais le détachement suprême. Imaginez que quelqu'un veuille vous faire du mal ou même vous tuer. Il ne peut lever le petit doigt contre vous si vous ne le lui permettez pas. Sans votre *sankalpa* (résolution), ses efforts n'aboutiront jamais. D'une façon mystérieuse, il échouera toujours. Il parviendra peut-être enfin à la conclusion que quelque chose, une puissance divine, vous protège. Mais ce pouvoir est le pouvoir infini du Soi. Il ne s'agit pas d'une force extérieure, sa source est en vous. Vous êtes devenu cette puissance infinie. Quand vous n'avez plus d'ego, vous devenez tout. L'univers entier est avec un être illuminé. Même les animaux, les arbres, les montagnes et les rivières, le soleil, la lune et les étoiles sont du côté d'un Être réalisé, parce que dans cet état, vous n'avez plus d'ego. Lorsque vous vous prosternez avec une humilité parfaite devant l'existence entière, l'univers, (l'existence) se prosterne devant vous et vous sert. Mais rappelez-vous que vous pouvez aussi lui commander de se tourner contre vous, parce que d'une façon ou d'une autre, vous n'en êtes pas affecté.

Lorsqu'il n'y a ni mental ni ego, vous ne faites qu'un avec l'existence entière ; l'univers et tous les êtres qui le composent sont vos amis. Aucune créature ne vous perçoit comme un ennemi et même un ennemi serait votre ami, serait un avec vous, car il est votre propre Soi, bien qu'il ou elle n'ait pas conscience de cette vérité. Si, intérieurement, vous ne faites qu'un avec votre adversaire, comment peut-il alors, strictement parlant, être votre ennemi ? Comment un être ou un objet, conscient ou pas, pourrait-il vous nuire en aucune façon, s'il existe à l'intérieur de vous en tant qu'une part de votre Soi ? C'est impossible. Une fois que vous abandonnez l'ego, rien ne peut vous arriver, à moins que telle ne soit votre volonté.

Le roi de Mewar voulait tuer Mira Baï. Il lui envoya une coupe de poison en lui faisant dire qu'il s'agissait d'une boisson spécialement préparée pour elle. Il lui écrivit aussi une lettre magnifique remplie de douces paroles, dans laquelle il implorait son pardon pour la cruauté dont il avait jusqu'alors fait preuve envers elle.

Mira savait que c'était du poison ; elle accepta néanmoins le breuvage et le but, mais il n'arriva rien. Le roi s'efforça de la tuer par différents moyens, mais toutes ses tentatives furent vaines. Mira, elle, resta dans la béatitude et ne fut pas troublée le moins du monde. Comment fut-ce possible ? C'est qu'elle était sans ego, elle avait transcendé le mental.

Pour Mira Baï, tout était son Giridhar, son Bien-aimé Krishna. Elle n'avait aucun désir, elle ne voulait rien pour elle-même. Peu lui importait même que Krishna l'aimât ou non, elle ne souhaitait que L'aimer, sans rien réclamer. Pour Mira Baï, tout était Krishna. « Ô Seigneur, Toi et Toi seul ! » Il n'y avait pas en elle de « moi », aucun sens de l'action. Krishna, son Dieu, lui accordait tout, le bon comme le mauvais. Quoi qu'il arrivât, elle ne se plaignait pas. Elle se contentait d'accepter, considérant ce qui lui advenait comme le *prasad* de Krishna. En s'abandonnant à Lui, Mira Baï s'abandonnait à l'existence entière. Pour elle, Krishna n'était pas une personne limitée, perçue uniquement dans cette forme particulière ; Il était l'univers entier. Unie à l'ensemble de la création, elle s'était fondue dans l'énergie de Krishna. Elle n'avait pas conscience de son propre corps. Et comment peut-on vous tuer un être qui n'a pas de corps ? La création entière est de son côté et le protège. Comment un poison pourrait-il alors agir ? Comment une partie de la création pourrait-elle lui nuire

44

en aucune façon ? Elle ne peut le toucher qu'avec sa permission. Elle ne l'affecte que s'il dit oui. S'il dit non, elle fait demi-tour et s'éloigne. Une fois que vous avez atteint cet état suprême, rien n'arrive, même si le corps subit la torture ou la destruction, car vous n'êtes pas le corps — vous êtes le Soi.

L'univers entier est votre corps. Toute partie de la création appartient à votre corps universel. Puisque tout est un, comment la partie pourrait-elle nuire au tout ? Comment la main pourrait-elle consciemment blesser l'œil ? En apparence différents, ils n'ont pas la même fonction, mais ils appartiennent au même corps.

Une fois que vous avez réalisé votre unité avec le Soi, la création entière devient votre fidèle servante. Vous êtes le maître et tout, dans la nature, attend vos ordres. Puisque l'ensemble de la nature vous soutient, comment un de ses éléments pourrait-il se tourner contre vous, à moins que vous ne le vouliez vraiment ? La nature fait alors ce que vous lui commandez. Si vous dites : « Non, ne le fais pas », rien n'arrivera. Lorsque vous êtes dans l'état mental juste, rien ne peut vous nuire. La réalisation du Soi est l'état parfait de l'existence. »

Cela nous rappelle un épisode de la vie d'Amma : elle mit un jour la main dans la gueule d'un chien enragé. Le chien avait été l'un de ses compagnons, à l'époque où elle vivait dehors et dormait à la belle étoile. Amma aimait beaucoup ce chien, et quand elle vit qu'il avait été enchaîné à un arbre, elle s'approcha de lui et exprima son amour en le prenant dans ses bras et en lui embrassant le visage. Elle tenta de le nourrir et pour cela, lui mit la main dans la gueule. Les témoins de la scène furent très choqués, car la main d'Amma était couverte de la salive du chien, extrêmement contagieuse. Ils étaient très inquiets et suggérèrent qu'Amma se fasse vacciner contre la rage, par précaution. Mais elle se contenta de sourire et de répondre : « Il n'arrivera rien. Ne vous inquiétez pas. » Et bien entendu, il n'arriva rien.

Amma dit : « Une fois que vous êtes réalisé, vous devenez le mental cosmique. Chaque mental vous appartient. Vous seul les régissez tous, non seulement celui des êtres humains, mais l'ensemble du mental cosmique. Cela signifie que vous avez en main les rênes de chaque mental particulier. Vous êtes devenu chacune des créatures. Il existe bien différents corps, mais vous demeurez en chacun d'eux. Votre adversaire n'est rien d'autre que vous-même, sous une autre enveloppe. C'est exactement comme des bonbons ayant le même parfum, mais emballés dans des papiers de différentes couleurs. Il y en a des bleus, des verts, des rouges ou des jaunes. Les bonbons pensent peut-être : « Je suis bleu », « Je suis vert ». Mais qu'y a-t-il à l'intérieur ? Les mêmes bonbons, ayant le même parfum, fabriqués avec les mêmes ingrédients. »

Amma a dit un jour : « Toutes vos pensées et vos actions passent par Amma. »

Les voies d'un *Mahatma* sont infinies. Nous ne voyons que la manifestation extérieure. Le *Mahatma* demeure pour nous un mystère total, un phénomène inconnu. Nous ne pouvons le comprendre que lorsque nous accédons à la connaissance de notre propre Soi. En présence d'un *Mahatma*, nous prenons conscience de nos limites. La dimension infinie de son être, son amour et sa compassion illimités, nous amènent à une plus grande humilité. Nous prenons alors conscience de notre néant. Le sentiment de son propre néant et l'humilité sont des clés indispensables pour accéder à l'état de plénitude parfaite, à l'expérience : « Je suis tout. »

Chapitre 4

Quelques nouvelles huttes, destinées aux *brahmacharis*, étaient en construction à l'ashram. Le soir, après les *bhajans*, Amma demanda à tout le monde d'aller à la plage et de porter du sable pour combler les fondations de ces huttes. Aussitôt, on se mit en route, chacun portant qui un panier, qui une pelle. Amma marchait en tête du groupe, qui arriva bientôt à destination.

La nuit était fraîche et obscure, la mer agitée. Sur la noire étendue d'eau, des vagues gigantesques se levaient pour venir s'écraser sur le rivage. L'écho de ce bruit grave et profond emplissait la nuit. Le spectacle du vaste océan dans les ténèbres de la nuit inspirait un respect sacré et engendrait une grande paix intérieure. À le contempler, le mental éprouvait la sensation de s'ouvrir et de s'éveiller à une conscience plus profonde.

Le travail (*seva*) commença. Tout le monde travaillait avec beaucoup d'enthousiasme et Amma, participait elle aussi activement à la tâche. Parfois elle maniait la pelle pour remplir les sacs de sable, parfois, elle portait un sac jusqu'à l'ashram. Les résidents s'efforçaient de l'empêcher de travailler, mais Amma restait sourde à leurs prières. Le *seva* se poursuivit pendant près de deux heures, jusqu'à onze heures. Amma s'assit près de l'océan, entourée des résidents et de quelques dévots chefs de famille.

Elle distribua des chips de banane salés et un peu de café noir chaud à ceux qui avaient travaillé. Un par un, les *brahmacharis* et les *brahmacharinis* s'avançaient vers Amma pour recevoir leur part.

Au cours de la distribution, Amma renvoya un des *brahmacharis* qui faisait la queue en lui disant : « Non, tu n'as pas travaillé, tu n'auras donc pas de *prasad*. C'est réservé à ceux qui ont travaillé dur pendant les deux dernières heures. »

Mais quand le *brahmachari*, sans mot dire, sortit de la file, l'affection maternelle d'Amma n'y tint plus et elle le rappela en disant : « Fils, pas de problème, ne sois pas triste. Porte un sac de sable jusqu'à l'ashram et Amma te donnera du *prasad* à ton retour. »

Le *brahmachari* suivit ses instructions. Pendant qu'il marchait vers l'ashram, Amma dit : « Il faut qu'il porte au moins un sac car Amma ne veut pas se montrer injuste envers ceux qui ont travaillé de façon désintéressée. La détente ne vient qu'après l'effort. »

Le mental est un gros mensonge

Pendant que tout le monde savourait le *prasad* d'Amma, un des *brahmacharis* demanda : « Amma, hier, quand tu parlais du *sakshi bhava*, tu as dit que le mental n'était pas réel. J'ai aussi lu que le monde était irréel. Laquelle de ces affirmations est correcte ? »

Amma : « Mon fils, les deux le sont. Le mental est un gros mensonge et le monde est une projection de ce mensonge. Si le monde existe, c'est parce que le mental existe. Il est responsable de tous vos problèmes, il crée des doutes et vous fait souffrir ; il est la cause de votre colère, de votre haine, de votre jalousie ; il vous incite à agir sans discernement et même à faire le mal. Il ne manque jamais de vous rendre misérable, il est l'enfer. Il est *maya* (illusion) et mensonge. Aussi longtemps que vous avez un mental, votre existence n'est pas réelle. En l'éliminant, vous reviendrez à la vérité et à la réalité.

L'ego est un produit du mental. Il est donc mensonge, lui aussi. Il n'est pas réel. Tant que le mental et l'ego vous encombrent, vous ne pouvez accéder à la plénitude et à la perfection de l'existence. »

Question : « Amma, tu affirmes que le mental et l'ego sont irréels, que le monde des phénomènes n'est qu'une projection du mental, que notre nature réelle est l'*atman* ou le Soi. C'est très difficile à comprendre, à moins que tu ne l'expliques d'une façon beaucoup plus claire. »

Amma : « Mon fils, sache d'abord que les mots sont impuissants à expliquer cela. Amma aura beau te donner un nombre infini de preuves et d'exemples, les mêmes questions reviendront, jusqu'à ce que tu fasses toi-même l'expérience de la vérité. Il faut que tu découvres par toi-même que le mental et le monde sont irréels. Livre-toi à des austérités (*tapas*), et tu le sauras.

Mes enfants, sachez que le mental est le plus grand mystère qui existe. Mais la pure Conscience, le Soi, n'est pas un mystère. Lorsque vous connaîtrez le Soi, vous verrez qu'il n'y a aucun mystère. C'est vous, votre nature réelle. Cela est plus proche de vous que le plus proche. Le mental en fait un mystère, il est une complication qui embrouille tout.

Vous n'êtes pas le mental. Vous êtes le Soi (*atman*). Vous naissez au sein de cette Conscience, vous y grandissez, y vivez et y mourez. Mais jamais vous n'êtes conscient de cette vérité. Pourquoi ? À cause du mental et du monde qu'il crée. Le mental vous empêche de connaître le Soi. Le mental vous tue ; il dissipe votre énergie et votre vitalité, et il est d'une grande faiblesse. Efforcez-vous donc de sortir de cette irréalité. Délivrez-vous de ce grand mensonge que sont le mental et l'ego.

Mes enfants, vous réclamez sans cesse des preuves et des explications, mais c'est une vérité que l'on ne peut prouver. On prouver une hypothèse scientifique ou un phénomène perceptible par les sens, mais l'*atman* est au-delà de la science et de toute perception des sens. Il est impossible d'en fournir une preuve empirique, il s'agit d'une expérience intérieure. Mais songez que c'est le mental qui réclame une preuve irréfutable. Le mental, qui est irréel, exige qu'on lui prouve cette Réalité ! La source de vos doutes et de vos questions est en elle-même irréelle. Vos craintes et votre scepticisme sont issus de ce grand menteur : le mental.

Voici un exemple. Il était une fois un lutteur célèbre. Personne ne réussissait à triompher de lui. Il était invincible. Champion du pays depuis plusieurs années, son titre d'homme le plus fort du pays avait fini par le rendre fier et arrogant. Un lutteur arriva un jour d'une autre ville pour lui lancer un défi. Il accepta, et on fixa la date de la rencontre sportive, qui fut annoncée à grand renfort de publicité. Le jour fatal arriva, et les concurrents firent leur entrée dans le stade. Notre orgueilleux lutteur, le champion du pays, était très confiant. Comparé à son rival, il était plus fort, extrêmement bien bâti, et possédait de longues années d'expérience. La lutte commença. Le public criait et les encourageait en sifflant et en gesticulant. Certains acclamaient le champion tandis que d'autres prenaient parti pour son adversaire. Le combat dura un bon moment. Il était difficile de juger qui allait l'emporter. Mais finalement, le visiteur infligea au tenant du titre une défaite complète et fut proclamé vainqueur de l'année. Le public cria : « Victoire au nouveau champion ! » et hua le vaincu. Les gens l'insultaient et se moquaient de lui. Il parvint à se relever du tapis et s'en alla, tête baissée. Longtemps après qu'il ait quitté le stade, l'écho des huées méprisantes résonnait encore à ses oreilles. Son cœur était rempli de haine et son mental était très agité. C'est alors qu'il se réveilla brusquement.

Oui, ce n'était qu'un rêve ! Mais notre homme était extrêmement agité. Il avait perdu sa paix intérieure, et tel un lion en cage, faisait les cent pas dans sa chambre en ne songeant qu'à la revanche. Il s'était totalement identifié au rêve et réfléchissait intensément au moyen de vaincre son adversaire. Il pensait : « Ô mon Dieu ! J'ai tout perdu. Ma réputation est détruite. Comment pourrai-je apparaître en public ? Maintenant, personne ne va plus avoir de respect pour moi. Comment supporterai-je leurs insultes ? Je préfère mourir plutôt que de vivre ainsi. Je vais chercher à prendre ma revanche sur cet idiot. » Telles étaient les pensées qui bouillonnaient dans son mental. Ruminant sa défaite et s'arrachant les cheveux, notre fier lutteur marchait de long en large comme s'il avait perdu la raison. Mais à mesure que son agitation augmentait, son désir de sortir de cet état mental grandissait. Il finit par s'asseoir et essayer de se détendre. Et la méthode fonctionna. Son mental devint plus calme, les pensées peu à peu s'évanouirent et il vit bientôt à quel point il avait été stupide. Il songea : « Ô mon Dieu ! Que m'est-il arrivé ? Quel imbécile je suis. Ce n'était qu'un songe sans aucune réalité, une simple création de mon mental. Un événement qui ne s'est jamais produit m'a mis dans un tel état de peur et d'agitation. »

« Mes enfants, voyez dans quelle illusion totale le mental du champion plongea celui-ci. Il s'était totalement identifié au rêve et tenait pour réel ce qui s'y déroulait. D'où venaient donc l'autre lutteur et les spectateurs qui le huaient et l'insultaient ? Qui inventa les différentes techniques que les deux lutteurs employèrent l'un contre l'autre ? Qui créa le stade, la défaite du champion, sa honte, sa colère et son désir de revanche ? Tout cela était la projection du mental. Certes, ce n'était pas réel, pourtant le lutteur s'y trompa et réagit en conséquence. Tant qu'il resta identifié au monde illusoire imaginé par son mental, il souffrit. Mais dès qu'il prit conscience de l'irréalité du rêve, il fut libéré de son emprise et trouva la paix.

Nous nous identifions de même à un songe. Dans le cas du lutteur, il s'agissait d'un épisode de courte durée. Dès son réveil, le monde de rêve disparut et lorsqu'il se détendit, il cessa de s'identifier à ce monde illusoire. Mais notre phantasme est beaucoup plus long. Il s'agit d'une projection du mental qui se fonde sur les pensées et les expériences du passé. À présent, nous le tenons pour réel, nous vivons dans un rêve créé par le mental et nous nous y identifions. Le réveil est encore à venir.

Tu demandais une explication plus claire. Comment, tant que tu rêves, serait-il possible de clarifier cela ? L'illusion se dissipera à ton réveil. Alors seulement, tout s'illuminera. Mes enfants, vous rêvez, croyant à la réalité de votre monde onirique. Des explications infinies ne parviendront jamais à vous en faire prendre conscience. Jusqu'à votre réveil, jusqu'à ce que vous cessiez de vous identifier au rêve, rien ne sera clair. Réveillez-vous et vous comprendrez qu'il ne s'agissait que d'un songe. Tout sera alors d'une clarté limpide.

Les deux pouvoirs du mental

Le mental possède deux facultés : celle de voiler et celle de projeter. Le mental voile d'abord la nature réelle d'un phénomène, puis il en donne une interprétation erronée. C'est pourquoi Amma affirme que le mental est un menteur. Il recouvre la vérité et nous la fait ensuite prendre pour autre chose.

Un homme marchait, seul, sur un sentier. La nuit tombait, la lumière était déjà faible et il avait du mal à trouver son chemin. Il sentit soudain une morsure au pied. En tâtonnant avec la main, il découvrit dans cette zone une petite blessure et il sentit qu'il saignait. Son sang se glaça lorsqu'il découvrit un serpent lové dans un proche buisson. Le serpent l'avait sans aucun doute mordu. Pris de panique, l'homme se mit à hurler de toutes ses forces : « Au secours, j'ai été mordu par un serpent venimeux ! Je vais mourir ! Je vous en prie, venez et conduisez-moi chez un docteur ! »

L'homme était devenu hystérique et appelait sans discontinuer. Il se sentait très fatigué et la tête lui tournait comme s'il allait s'évanouir. Il s'assit et continua à appeler à l'aide. Au bout de quelques minutes, un homme sortit de l'obscurité. Il avait une lampe électrique. « Qu'y a-t-il ? Que se passe-t-il ? » demanda-t-il. « J'ai été mordu par un serpent venimeux. Je me meurs. Pouvez-vous m'emmener chez un docteur ? » « Ne vous inquiétez pas. Je vais bien sûr vous aider. Mais où cela vous est-il arrivé ? » demanda l'inconnu. « Juste là, à cet endroit même, » répondit l'homme. « Regardez ce buisson, un serpent y est lové ! » L'inconnu dirigea sa lampe électrique vers le buisson et que vit-il ? Un buisson d'épines et un morceau de corde pris dedans. Il dit alors : « Regardez bien ! C'est un buisson d'épines. Vous vous êtes sans doute piqué à une épine. Le malheur a voulu qu'au même moment, vous voyiez la corde, la prenant dans le demi-jour pour un serpent. Vous avez alors été persuadé d'avoir été mordu. Maintenant que vous savez ce qu'il en est, vous pouvez vous calmer. » Une fois que notre homme eût compris la vérité, sa fatigue et ses vertiges disparurent et il se détendit.

C'est ainsi que le mental se joue de nous. Dans cette histoire, le mental a d'abord voilé la réalité de la corde, puis projeté le serpent. Le serpent est votre passé. C'est ce que le mental fait sans arrêt. Il voile l'*atman*, la réalité, qui est une, et projette le monde de la pluralité. Les pensées que le mental projette recouvrent l'*atman*. C'est ainsi que le mental vous dupe sans fin. L'illusion ne s'effondre que lorsqu'un Maître vous apporte la lumière de la connaissance véritable. Réalisant alors la vérité, vous êtes en paix. À ce moment-là, le réveil authentique a lieu. D'ici là, vous ne pourrez voir clairement la vérité. »

Réveillez-vous, et vous saurez

Il y eut un court silence, suivi d'une autre question posée par le *brahmachari* Venou.

Question : « Amma, l'éveil que tu viens de mentionner et l'état de *sakshi bhava* sont-ils une seule et même chose ou bien y a-t-il une différence ?

Amma : « Fils, l'éveil et l'état de *sakshi bhava* exigent tous deux d'être conscient. La spiritualité véritable signifie la pleine conscience — il s'agit de la même chose. La plupart des gens ne sont pas conscients. Ils vivent dans un monde d'inconscience car c'est ainsi qu'on leur apprend à vivre.

Un enfant naît avec une conscience pure, mais la société lui enseigne à devenir inconscient. Les gens qui entourent l'enfant, ses parents, sa famille, ses amis et la société, lui inculquent des habitudes. Ils l'élèvent d'une certaine façon, et lui font adopter une religion, une culture, une langue, une alimentation, une éducation et des habitudes définies. Tout, autour de lui, le conditionne. Sa conscience en est obscurcie et il oublie ainsi sa nature réelle. On lui enseigne tout, excepté comment demeurer dans sa véritable nature. C'est ainsi que l'enfant, en grandissant, devient inconscient, sa conscience étant voilée par le conditionnement qui lui est imposé. Il perd sa pureté et son innocence ; jamais on ne lui enseigne à être calme.

Pour être conscient, il est nécessaire d'être calme. Si vous n'apprenez pas à briser les entraves du mental, il vous sera impossible de vous détendre. Les sages et les voyants d'autrefois nous ont montré, par l'exemple de leur propre vie, la technique qui permet de dissoudre le mental, les pensées, et les liens qu'ils engendrent. »

Venou intervint pour remarquer, tout ému : « Amma, pourquoi remonter à ces temps reculés ? Tu es là, tu nous montres le chemin. »

Sans prêter la moindre attention à ce commentaire, Amma poursuivit : « Vous pouvez apprendre le métier que vous voulez, mais apprenez aussi à rester pleinement éveillé en toutes circonstances. Une fois que vous maîtriserez cet art, vous resterez toujours le témoin conscient de ce qui se déroule autour de vous, sans vous y impliquer.

Imaginez que la colère monte en vous. Prenez en conscience, sachez que la pensée de la colère s'est levée en vous. Si vous l'éprouvez et la voyez clairement, comment pouvez-vous alors vous laisser aller à cette humeur ? La colère est une calamité. Personne n'entre consciemment dans un tel état. La colère pollue et empoisonne tous et tout. Comme les autres humeurs négatives du mental, elle est dévastatrice. Ces humeurs naissent dans l'inconscience. Si vous êtes conscient, pleinement éveillé, et que vous observez sans relâche, elles n'ont aucune prise sur vous. Et quand une émotion quitte votre mental, là encore, observez cela en pleine conscience. Pour l'instant, tout se déroule en-dehors de notre connaissance. Nous nous laissons emporter par les pensées et les émotions, comme si nous étions profondément endormis à l'intérieur.

Sakshi bhava peut être à la fois une pratique et un état permanent. Lorsque vous demeurez constamment dans cet état, il devient spontané et parfaitement naturel. Si vous n'êtes pas sans cesse vigilant, vous ne pourrez être témoin. Le monde de rêve créé par le passé n'a aucune place dans l'état de *sakshi bhava*. Afin qu'il puisse survenir, le passé doit mourir, le mental doit se dissoudre.

Mes enfants, votre véritable nature est celle du ciel, non des nuages, celle de l'océan, non des vagues. Le ciel, l'océan, sont pure Conscience. Le ciel se contente de regarder les nuages, l'océan de regarder les vagues. Les nuages ne sont pas le ciel, les vagues ne sont pas l'océan. Nuages et vagues vont et viennent. Le ciel et l'océan demeurent en tant que substrats de l'existence des nuages et des vagues. Ces derniers n'ont pas d'existence autonome, pas de réalité, et ils changent constamment. Comme le ciel et l'océan, le témoin est le substrat de l'univers. Tout se déroule au sein de cet état suprême, mais le témoin n'y participe pas. Il est, voilà tout, pur et non-affecté.

De la même manière, le mental et ses pensées vont et viennent. Ils sont irréels et transitoires. Ils sont pareils aux nuages éphémères du ciel, aux vagues de l'océan. Ils ne peuvent affecter votre conscience. Au-delà de la surface, celle-ci demeure pure, rien ne la touche. Cette pure Conscience, éternellement consciente de tout ce qui arrive, est le témoin, le *sakshi* de toute chose.

Celui qui est établi dans l'état de *sakshi bhava* est toujours conscient. Il est impossible d'y accéder à moins d'être pleinement éveillé et parfaitement conscient. »

Un des dévots en visite dit : « Le *Lalita Ashottara* (les 108 noms de la Mère divine) dit que Devi est le témoin des trois états du mental, c'est-à-dire : *jagrat* (l'état de veille), *swapna* (l'état de rêve) et *sushupti* (le sommeil profond). *Jagrat swapna sushupttinam — sakshi bhuttayai namah.* » Le dévot joignit les mains et dit : « Ô Amma, nous croyons que tu es Lalita Parameshwari, le suprême *sakshi*, le témoin des trois états du mental. » Amma se mit à chanter...

Uyirayi Oliyayi

Ô Déesse Uma, où es-Tu ?
Toi qui es la vie, la lumière et la force de la Terre.
Ô Toi qui es sagesse,
Toi qui es le vent, la mer et le feu,
N'as-Tu pas de compassion pour moi ?
Tu es la Connaissance vraie et cachée ;
En Ton absence, la sagesse du monde s'est enfuie,
Le cycle des renaissances se répète sans fin,
L'irréel est devenu réel,

Et le dharma n'est plus respecté.

Le singe du mental s'agite sans relâche,
Tenant en main le fruit de la vanité.
Ne réfléchissant pas sur sa nature réelle,
Il devient la nourriture du dieu de la mort.

Quand elle eut fini de chanter, Amma demeura absorbée dans une profonde méditation. Elle était parfaitement immobile, plongée dans son état naturel, au-delà. Elle semblait complètement détachée. L'explication qu'elle venait juste de donner au sujet du suprême état de conscience avait visiblement ôté le mince voile qui sépare sa nature réelle et le monde extérieur. Amma a dit : « Un voile ténu a été créé dans le seul but de demeurer dans ce monde, avec vous tous. Mais Amma peut à tout instant, si elle le désire, retirer ce léger rideau. »

Assis en présence d'Amma, en l'observant, il arrive parfois que l'on puisse faire l'expérience de son aspect impersonnel. À cet instant précis, on pouvait en la regardant avoir un aperçu de cet état suprême. Sur la toile de fond de l'immense océan, dont les vagues se brisaient sur le rivage éclairé par la lune, ayant au-dessus d'elle le ciel infini rempli d'étoiles scintillantes, Amma, dans son extase, semblait un mystère impénétrable. L'atmosphère entière était remplie d'une énergie spirituelle tangible, d'un sentiment de profondeur unique qui engendrait en chacun une paix extraordinaire. C'était un moment de pure béatitude. Près de quinze minutes s'écoulèrent ainsi et malgré le vent froid qui soufflait de l'océan, personne ne songea à bouger d'un centimètre.

Il était près de minuit. Le corps d'Amma remua légèrement, et quelques secondes après, elle revint à son état de conscience normal. Chacun s'aperçut bientôt qu'Amma avait bougé.

Quelques pêcheurs sortirent de leur hutte pour voir ce qui se passait à une heure aussi tardive, et quelques-uns d'entre eux se joignirent au groupe.

L'attachement est une maladie

Amma se remit bientôt à parler. Elle dit : « Les êtres humains ont deux problèmes essentiels. L'un surgit lorsqu'ils n'obtiennent pas ce qu'ils souhaitent. L'autre est étrange, parce qu'il survient quand leur désir est satisfait. »

Question : « Amma, cela semble étrange ! Comment un problème peut-il survenir quand on obtient ce qu'on veut ? »

Amma : « Mon fils, c'est simple. Quand tes désirs sont satisfaits, ton attachement suffit à créer une cascade de problèmes. Ayant obtenu l'objet convoité, ton mouvement suivant sera de le protéger, ce qui ne fera qu'accroître ton sens de la possessivité. Le mental devient très turbulent, que tu parviennes ou non à tes fins. Ta lutte pour conserver cet objet te fera perdre toute paix intérieure. Le problème réel, c'est l'attachement, provoqué par le mental fauteur de troubles. L'attachement est une maladie et peut même conduire à la folie quand il est trop fort.

Il est impossible d'être attaché à quoi que ce soit en ce monde et de rester en paix, parce que trop d'attachement crée une grande tension dans le mental, ce qui engendre infailliblement de la souffrance. Un attachement excessif à un objet quelconque provoque l'agitation et l'angoisse, accélère le processus des pensées et augmente la confusion qui règne dans le mental. La tension qui monte est telle, qu'il devient incontrôlable. Vous ne savez plus que faire et perdez toute lucidité. Votre mental ressemble à une forêt dévastée par un cyclone. Jusqu'alors, vous étiez dans une certaine mesure parvenu à observer les événements avec un peu de recul. Mais maintenant, la pression de l'attachement a atteint son point culminant, le fardeau est devenu trop lourd, et vous ignorez comment y faire face.

Vous perdez votre emprise sur la vie ; vous éprouvez un sentiment de désarroi et solitude absolus, ce qui fait de vous une proie facile pour le mental. Vous vous noyez dans vos pensées ; elles vous submergent et vous engloutissent, tandis que vous vous identifiez au mental et à ses émotions négatives. Vous vous effondrez au niveau affectif et sombrez dans les régions les plus noires du mental. Vous pourriez même devenir fou. Voilà où peut mener l'attachement.

Amma va vous raconter une histoire qu'elle a entendue. Un homme visitait un hôpital psychiatrique dirigé par l'un de ses proches amis. Le docteur lui en fit faire le tour et lui permit de rencontrer les patients. Dans l'une des cellules, un homme était assis sur une chaise et se balançait d'avant en arrière, en répétant sans cesse joyeusement le nom : « Poumpoum, Poumpoum, Poumpoum... ». Le visiteur dit au docteur « Pauvre type. Quel est son problème ? Qui est Poupoum ? » Le docteur répondit : « Poumpoum était sa bien-aimée. Elle l'a lâché et s'est enfuie avec un autre homme, c'est ce qui l'a rendu fou. » Le visiteur soupira et continua à rendre visite aux autres patients. Approchant d'une autre cellule, il fut surpris de voir un autre homme, assis, qui se tapait la tête contre le mur en répétant le même nom : « Poumpoum, Poumpoum, Poumpoum... ». Le visiteur demanda au docteur : « Qu'est-ce donc ? Poumpoum a-t-elle quelque chose à voir avec cet homme-là aussi ? » Le docteur répondit : « Oui, c'est l'homme que Poumpoum finit par épouser. »

De forts éclats de rire marquèrent la fin de l'histoire. Dans le silence de la nuit, ils retentirent comme une explosion. Peu à peu, les rires se calmèrent et se fondirent dans le son de l'océan. Vers minuit et demie, Amma se leva et retourna à l'ashram, suivie de ses enfants.

Quelle nuit merveilleuse ! Ces épisodes inoubliables créent dans le cœur du disciple une impression profonde ; inestimable est leur valeur, et ils fournissent un sujet de méditation inépuisable. Vivre auprès d'un Maître vivant est une bénédiction unique, la plus rare et la plus précieuse qui puisse être accordée à un être humain. Ces moments créeront ensuite chez le disciple des vagues infinies d'amour et de désir intense, ce qui le poussera enfin à plonger profondément dans sa propre conscience et à s'élever vers les sommets de la béatitude spirituelle. En vérité, bénis sont ceux qui peuvent vivre en compagnie d'un grand Maître comme Amma.

Quand Amma dit : « Ne vous inquiétez pas »

Un dévot déclarait : « Quand Amma dit : « Ne vous inquiétez pas », il est inutile de se faire du souci, car d'une manière ou d'une autre, le problème sera résolu. »

Telle est l'expérience de bien des fidèles. L'auteur de cette déclaration était venu ce soir-là, accompagné de sa famille, voir Amma et recevoir sa bénédiction. Il avait une raison bien particulière pour parler ainsi.

Un an et demi auparavant, sa fille avait épousé un jeune homme pieux et le couple avait commencé une vie matrimoniale très heureuse. Plusieurs mois s'écoulèrent, et alors que la jeune femme était enceinte de cinq mois, les médecins diagnostiquèrent un cancer de l'utérus. Ils pensaient qu'il s'agissait d'un cas sérieux, très complexe. Il y avait dans l'utérus une tumeur jugée maligne, et il fallait opérer. Les docteurs étaient pessimistes au sujet de l'issue de l'opération. Ils ne croyaient pas que le bébé survivrait et les chances de survie de la mère étaient elles aussi bien minces. Les médecins dirent aux parents de la jeune femme que Dieu seul pouvait sauver leur fille et le bébé. Ceux-ci, inquiets, vinrent voir Amma, leur seule source d'espoir. Ils lui confièrent la maladie qui menaçait la vie de leur fille et prièrent pour obtenir sa grâce. Depuis leur première rencontre avec Amma en 1981, toute la famille avait montré beaucoup de dévotion envers elle. Dès qu'ils avaient un problème, ils venaient à elle, implorant sa grâce et ses conseils.

Amma les écouta, et après avoir exprimé sa profonde sollicitude envers leur fille, elle leur dit : « Ne vous inquiétez pas. Amma va s'occuper de votre fille et du bébé. » Leur foi en Amma était sans faille, et ils ne se firent ensuite plus de souci, bien que leur fille dût, quatre mois plus tard, être opérée. Leur confiance fut récompensée à cent pour cent. L'intervention eut lieu, le bébé fut retiré de l'utérus, et à l'étonnement des docteurs, la mère et l'enfant survécurent. Les médecins enlevèrent une tumeur de deux kilos. Ils s'attendaient à des complications, mais rien n'arriva ; tout se déroula sans problème. La mère et l'enfant étaient tous deux en parfaite santé.

Cette famille attendait avec impatience de recevoir le *darshan* d'Amma, et dès qu'elle descendit de sa chambre, ils se précipitèrent vers elle. Ils se prosternèrent et déposèrent le nouveau-né à ses pieds. À travers des larmes de gratitude, la jeune mère dit : « Amma, ta grâce seule lui a permis de naître. » Amma prit l'enfant dans ses bras et dit en le câlinant : « Vois tous les ennuis que tu as causés à ta mère, rien que pour venir au monde ! »

Amma s'assit sur la dernière marche de l'escalier. Elle fut bientôt entourée des résidents de l'ashram. Le bébé regardait Amma, fixant son visage avec intensité. Il avait le teint sombre, et pour cette raison, Amma l'appela « *Karoumba* » (celui qui est noir). Amma reprit : « Fils, tu es noir comme Amma. Ne voudrais-tu pas avoir la peau claire comme ta mère ? » Le bébé se mit tout à coup à pleurer. Amma remarqua : « Il ne semble pas avoir apprécié qu'Amma l'appelle Karoumba. »

Le grand-père du bébé bouillonnait, et ne put se contenir plus longtemps. « Non ! Non ! » répliqua-t-il, « Il s'est réjoui d'entendre qu'il était noir comme toi, Amma. Mais il n'a pas aimé que tu lui demandes s'il voulait avoir le teint clair, comme sa mère. Il proteste ! C'est pourquoi il pleure ! »

Cette touchante remarque enchanta tout le monde et provoqua un rire général. Amma rit, elle aussi, et rendit le bébé à sa mère.

La nécessité de tapas

Amma se tourna vers les résidents assis près d'elle, et dit : « Toute nouvelle naissance requiert d'intenses *tapas* (austérités). Prenez par exemple la naissance d'un enfant. Au cours de sa grossesse, la mère accomplit de véritables austérités. Il lui faut se montrer très prudente dans tout ce qu'elle fait, dans la façon dont elle se déplace, dont elle agit, et même dont elle s'allonge. Elle ne peut absorber certaines nourritures et ne doit pas se fatiguer par un travail physique excessif. Elle évite des situations qui pourraient la rendre nerveuse ou la contrarier, et il ne serait pas bon pour elle de ruminer un chagrin ou de s'inquiéter. Pour donner naissance à un enfant sain et intelligent, elle doit suivre les instructions du docteur. Si elle commet une erreur, cela pourrait nuire au bébé. La femme enceinte songe constamment à l'enfant qu'elle porte. Pas un instant, elle n'oublie le bébé et elle fait preuve d'une immense vigilance. Notre engagement devrait être le même lorsqu'il s'agit de la naissance spirituelle qui s'apprête à se produire en nous. Cet engagement est appelé *tapas*. La naissance de quoi que ce soit, d'une nation, d'une institution ou d'une affaire, exige beaucoup de *tapas*. Quel que soit le secteur choisi, on ne peut parvenir au sommet que grâce à cela.

Que vous soyez un être spirituel ou que vos buts soient surtout matériels, si vous voulez devenir un véritable maître dans votre domaine, les austérités sont indispensables.

Chercher l'accomplissement spirituel signifie mourir pour renaître. L'ego doit mourir pour que naisse le véritable « soi ». Et comme pour toute naissance, il vous faut effectuer des austérités, d'intenses austérités. D'une certaine façon, *tapas* est inévitable. C'est la souffrance qu'il faut endurer pour obtenir quoi que ce soit. Atteindre le but de la spiritualité exige une quantité de *tapas* maximale. La différence entre le but spirituel et les autres aspirations n'est que dans le degré. La réalisation du Soi est la plus grande joie qui existe. Le prix qu'il faut payer est donc, lui aussi, très élevé.

Cela relève du sens commun. La joie que nous retirons du monde extérieur est éphémère et ne dure jamais longtemps. Nous l'éprouvons un moment, et le moment suivant, elle a disparu. Mais il n'en va pas ainsi de la béatitude spirituelle. Une fois que la percée finale se produit, c'est-à-dire une fois que vous transcendez les limites du corps, du mental et de l'intellect, une fois que vous atteignez cet état, il n'y a pas de retour. La béatitude est éternelle, et elle est infinie. Mais pour cela, il faut payer en conséquence. Vous ne serez pas quittes en donnant une partie de vous-même, il faut tout donner, votre vie entière.

Pour acquérir quelques possessions matérielles, une situation plus élevée ou la renommée, de nombreux sacrifices sont nécessaires. Vous suivez des études et une formation pour obtenir une éducation adéquate et les qualifications requises. Bien des gens sacrifient les plaisirs de la vie de famille pour améliorer leur statut dans la société ou la rentabilité de leur affaire. Ils y investissent beaucoup de temps et d'énergie. Plus vous désirez de joie, plus cela exige d'efforts et plus le prix est élevé.

Quels que soient les biens matériels que vous accumulez, la souffrance et la tension intérieures demeurent. Elles sont sans fin. Mais lorsque vous atteignez les cimes de la spiritualité, toute souffrance et toute tension disparaissent. Votre indépendance est complète, votre détente parfaite.

Par contre, si vous préférez demeurer dans votre village, satisfait de votre modeste travail, et goûter les joies de la vie de famille, pas de problème. Ce sera moins fatigant et exigera moins de temps et d'énergie. Les austérités, la souffrance qu'il faudra endurer seront relativement peu importantes. Mais si vous êtes très ambitieux et souhaitez gagner plus d'argent, en croyant que cela vous rendra plus heureux, vous devrez accomplir beaucoup plus de *tapas*. Si vous désirez devenir médecin ou chercheur dans un pays étranger comme les États-Unis, le *tapas* (engagement) ou la souffrance requis seront d'une grande intensité.

Si quelqu'un souhaite devenir la personne la plus heureuse du monde, le seul moyen d'obtenir la joie suprême est donc de mener une vie spirituelle et de pratiquer d'intenses austérités. C'est de la simple logique. Rien que pour devenir propriétaire de quelques objets, une maison, une voiture, un terrain, il faut payer un prix élevé et faire de grands sacrifices. Mais la spiritualité consiste à devenir en quelque sorte le propriétaire de l'univers entier. L'univers, alors, vous appartient ; il est votre serviteur, vous en êtes le maître. Vous pouvez imaginer les austérités auxquelles vous devrez vous livrer pour devenir propriétaire de l'univers, pour acquérir une telle richesse, être le Seigneur de l'univers, le plus heureux de tous les êtres, pour l'éternité.

Oui, mes enfants, il s'agit d'une nouvelle naissance. Pour devenir vraiment spirituel, il faut renaître. Et pour que naisse le véritable « soi », il faut mourir.

Lorsque l'enveloppe extérieure de la graine meurt, le jeune plant pousse. Peu à peu, il devient un arbre qui donne en abondance de l'ombre, des fleurs et des fruits. Ainsi, l'enveloppe extérieure, constituée de l'ego et du corps, doit mourir afin que nous puissions nous développer et devenir l'*atman* (le Soi).

Comme une mère est prête à supporter les douleurs de la naissance, un vrai *sadhak* (aspirant spirituel) devrait être prêt à endurer les souffrances de *tapas* avec une grande persévérance et une vigilance sans faille. Il deviendra ainsi une fleur divine, belle et parfumée. Pour que la fleur s'épanouisse, le bouton doit s'ouvrir et cela ne va pas sans quelque souffrance. À ce stade, votre cœur est encore en bouton, et pour qu'il s'ouvre, la souffrance et la chaleur de *tapas* sont inévitables. *Tapas* signifie littéralement chaleur. Seule la chaleur produite par les austérités, la souffrance et la soif ardente qu'elles engendrent, peuvent brûler le mental avec toutes ses pensées, ses *vasanas* (tendances) et l'ego. Le processus d'ouverture est douloureux, mais lorsque la divine fleur du cœur s'ouvre, sa beauté et son charme sont indescriptibles et éternels. »

Soyez un novice plein d'innocence

Question : « Quel est le meilleur moyen pour que cette ouverture se produise ? »

Amma : « Fils, peux-tu rester à jamais un novice ? Si tu en es capable, c'est la meilleure façon de favoriser cet épanouissement. »

Un *brahmachari* s'exclama : « Un novice ! Qu'entends-tu par là, Amma ? »

Amma : « Oui, fils, si tu es conscient de ton ignorance, tu peux conserver l'attitude d'un débutant. Un novice est toujours ignorant, et il le sait. Il écoute donc avec attention, il est ouvert et réceptif. Une fois que vous croyez savoir, vous n'écoutez plus, vous ne faites que parler. Votre mental et votre intellect sont pleins. Vous n'êtes plus un débutant, mais un savant. Toutefois, un savant est en réalité plus ignorant que n'importe qui, car il est complètement fermé. Il a perdu la faculté d'être ouvert et réceptif. Il est peut-être savant, mais en vérité il ne sait rien. La Connaissance réelle n'est pas l'accumulation de connaissances. Connaître exige l'ouverture, l'innocence du débutant. Le novice est capable de se prosterner en toute humilité et c'est pourquoi la véritable Connaissance se déverse en lui. Mais une personne savante est pleine d'informations et tend à se montrer égocentrique. Elle est donc incapable de se prosterner, d'être humble. La Connaissance ne peut pénétrer en elle car faute de place, elle déborde et rejaillit à l'extérieur.

Amma va vous raconter une histoire. Il était une fois un *Mahatma* qui vivait au plus profond de la forêt. Un érudit vint un jour lui rendre visite. Le savant, très pressé, dit au *Mahatma* : « Vénérable sage, pouvez-vous me parler de la méditation ? » Le *Mahatma* sourit et dit : « Pourquoi êtes-vous si pressé ? Asseyez-vous, détendez-vous et prenez une tasse de thé. Nous discuterons ensuite, il y a le temps. » Mais l'érudit était très agité et impatient. Il répondit : « Pourquoi pas maintenant ? Dites-moi quelque chose au sujet de la méditation ! » Le *Mahatma* insista néanmoins pour que l'érudit s'assoie, se détende et prenne une tasse de thé avant d'aborder le sujet. Le visiteur dut céder et finit par s'asseoir. Il lui fut toutefois impossible de se détendre car ce n'est pas dans la nature d'un savant. Intérieurement, il parlait sans arrêt. Le *Mahatma* prit son temps, prépara le thé et revint auprès de l'érudit qui l'attendait avec impatience. Il lui tendit une tasse et une soucoupe, puis se mit à verser le thé. La tasse se remplit, déborda, mais le *Mahatma* ne cessait pas de verser. Le savant cria : « Que faites-vous ? La tasse est pleine ! Arrêtez ! » Mais le *Mahatma* continua. Le thé déborda dans la soucoupe et de la soucoupe, se mit à couler sur le sol. L'érudit cria de toutes ses forces : « Hé ! Êtes-vous aveugle ! Ne voyez-vous pas que la tasse est pleine et ne peut contenir une goutte de plus ? » Le *Mahatma*

66

sourit et cessa de verser. « C'est juste, » dit-il, « la tasse est pleine et ne peut contenir une goutte de plus. Tu sais donc qu'une tasse pleine ne peut recevoir davantage. Comment pourrais-tu alors, toi qui es plein à ras bord d'informations, m'écouter lorsque je parle de méditation ? C'est impossible. Vide d'abord ton mental et ensuite, je te parlerai. La méditation est cependant une expérience que l'on ne peut expliquer verbalement. On n'y accède qu'en se libérant du mental et des pensées. »

Amma reprit : « Les savants et les intellectuels ne savent que parler. Ils sont incapables d'écouter, car cela exige d'être vide à l'intérieur. Seul celui qui cultive l'attitude : « Je suis un novice, je suis ignorant, » peut écouter avec foi et amour. Les autres en sont incapables.

Si vous observez deux savants en conversation, vous verrez qu'aucun des deux n'écoute l'autre. Certes, l'un se tait pendant que l'autre parle et vice versa. Vous pensez peut-être qu'ils s'écoutent mutuellement, mais en réalité, ce n'est pas le cas. Ils en sont incapables.

Quand l'un parle, l'autre ne dit peut-être rien extérieurement, mais à l'intérieur, il songe aux idées et aux interprétations qui lui sont propres. Chacun attend que l'autre s'arrête de parler pour prendre le relais, et il n'y a aucun rapport entre les propos qu'ils échangent. L'un parle de A et l'autre de Z. Aucun d'eux n'est un bon auditeur ; ils ne savent que discourir.

Comment écouter

Si vous voulez être un bon disciple, devenez un bon auditeur, doté de foi et d'amour. Cultivez toujours l'attitude d'un débutant afin de pouvoir écouter comme il faut. Un tel novice a l'ouverture et l'innocence d'un enfant. »

Question : « Amma, j'ai le sentiment d'écouter lorsque tu parles. Je n'ai pas le sentiment de me parler à moi-même. Est-ce que je me trompe ? »

Amma : « Fils, Amma ne dis pas que tu n'écoutes pas. Tu écoutes, mais avec une partie de ton être seulement. Tu écoutes avec le mental. Ton écoute est divisée, elle n'est pas totale.

Si tu regardes par exemple les spectateurs d'un match de football ou de cricket, tu verras qu'il leur arrive de s'oublier eux-mêmes. Lorsque leur joueur favori tape dans le ballon ou lance la balle, leurs mains ou leurs jambes exécutent les mêmes gestes. Vous observez parfois des expressions étranges sur leur visage. Ils participent avec leur corps. Mais ils ne s'oublient pas complètement. Ils sont encore là, absorbés dans le jeu, mais en partie seulement.

En Inde, quand un grand musicien joue, les auditeurs participent, ils marquent le rythme d'un mouvement de la tête ou en frappant dans leurs mains. Mais cette participation reste partielle, elle n'implique pas la totalité de leur être.

Lorsque vous écoutez un chant, vous êtes présent. Mais si vous participez réellement, vous êtes totalement absent. Vous vous oubliez vous-même. Votre être entier, chaque cellule de votre corps, s'ouvre, et vous êtes totalement réceptif, sans perdre une seule goutte. En buvant l'objet de vos pensées ou de votre méditation, vous vous unissez à lui. En participant ainsi, vous êtes complètement absent. C'est comme si l'acteur était absent — la pièce, seule, existe. Le chanteur est absent — seul le chant existe.

Lorsque Mira Baï chantait et dansait, son être entier y participait. Quand les *gopis* de Vrindavan se languissaient de Krishna, c'était de toute leur âme. S'oubliant elles-mêmes, elles finirent par s'identifier à Krishna.

Votre écoute n'est parfaite que si elle implique tout votre être. La Connaissance ne pourra pénétrer en vous qu'à cette condition. Quand vous apprenez à écouter le Maître de tout votre être, vous êtes absent. Impossible que vous soyez présent. Votre mental et votre ego ne peuvent demeurer présents dans cette sorte d'écoute ou de participation. Vous vous fondez en votre Maître, en sa conscience infinie, pour devenir le Tout.

Un jour, Krishna et Arjouna partirent en promenade. Ils eurent ensemble une longue et agréable conversation. Au cours de celle-ci, Krishna dit à Arjouna : « Tu affirmes croire que Je suis une incarnation divine. Viens donc avec Moi car aujourd'hui, Je veux te montrer quelque chose. » Ils marchèrent ensemble dans la campagne. Au bout de quelque temps, Krishna S'arrêta et montra du doigt une grande vigne qui poussait dans un champ en disant : « Que vois-tu là ? » Arjouna répondit : « Je vois une immense vigne portant des grappes de raisin mûr. » Krishna répondit : « Tu te trompes, Arjouna. Il n'y a ni vigne, ni raisins. Regarde de plus près. » Arjouna regarda de nouveau et fut étonné de voir qu'il n'y avait pas devant lui de vigne ; il ne voyait que le Seigneur. Et il n'y avait pas non plus de raisins, seulement des formes innombrables de Krishna, suspendues à la forme de Krishna.

Quand vous participez de tout votre être, vous devenez toute chose, vous vous identifiez à l'univers entier. Un monde nouveau s'ouvre à vous et vous demeurez en permanence dans cet état.

Les trois sortes d'élèves

Les Écritures distinguent trois sortes d'élèves. Le meilleur, le plus compétent, écoute les paroles du Maître de tout son être. Si le Maître lui dit : « Tu es *Brahman* », il réalise aussitôt *Brahman*, la réalité absolue. Comment est-ce possible ? C'est que son écoute est totale — son être entier y est impliqué. Il écoute avec une foi parfaite et un amour inconditionnel. Un tel élève doit éprouver une soif inextinguible de connaître la Vérité. Il boit les paroles de son Maître, non, en vérité il boit le Maître lui-même, de tout son être. La parole : « Tu es *Brahman* », lui va droit au cœur et il réalise sa véracité.

Un tel disciple conserve l'attitude d'un novice plein d'innocence. Il a peut-être étudié l'ensemble des Écritures, mais il reste un débutant, innocent comme un enfant. Il possède une grande humilité, et la Connaissance entre donc en lui. On ne peut accéder à la connaissance la plus profonde qu'en apprenant à participer de tout son être, en cultivant l'art de se prosterner devant toute la création, dans une humilité totale.

La seconde sorte de disciple écoute, mais seulement de façon partielle. Il lui faudra beaucoup plus de temps pour réaliser la vérité. Il écoute, mais seulement sur le plan des émotions, et non de tout son être. Son écoute n'est pas entière ; sa foi et son amour ne le sont pas non plus. Le Maître doit donc faire preuve d'une grande patience envers lui, afin qu'il apprenne à écouter de tout son être. Il ignore encore comment tout oublier et participer avec son être entier. La véritable connaissance ne pourra pénétrer en lui que lorsqu'il écoutera le Maître avec tant d'attention qu'il s'oubliera lui-même. Le mental, qui toujours chancelle et doute, ne lui permet pas d'avoir l'innocence d'un débutant, afin que la Connaissance pénètre en lui. Il y parvient quelquefois, mais bientôt le mental se manifeste de nouveau, ne lui permettant pas de demeurer dans cet état. Le mental ne doit pas intervenir du tout, il ne doit poser aucune question. Il cesse alors d'interférer, permettant une écoute totale. D'ici là, l'écoute du disciple ne sera que partielle. Mais un vrai Maître, qui est l'incarnation de la patience et de la compassion, l'aidera à parvenir au but ultime.

Chez la troisième sorte de disciple, c'est l'intellect qui prédomine. À l'intérieur, il discourt en abondance et son mental recèle une telle quantité d'informations qu'il est incapable d'écouter. Un tel disciple est très égocentrique et l'attitude « moi » et « le mien » prédomine chez lui. Pour le conduire à la lumière, le Maître doit faire preuve d'une patience infinie. La capacité d'écoute du disciple est extrêmement faible, car l'attitude du novice innocent lui est parfaitement étrangère. Il est incapable de se prosterner, d'être humble. La véritable Connaissance ne peut donc entrer en lui. Même si le Maître lui répète sans arrêt : « Tu es Dieu. Tu es Dieu... Tu es *Brahman*, l'absolu, » le disciple, intérieurement s'interroge sans cesse : « Comment ? » « Pourquoi ? » « Quoi ? » « Quand ? » *ad infinitum*, parce que son intellect est bourré d'idées personnelles ou tirées des Écritures. Le Maître doit déployer une immense patience pour mener ce genre de disciple sur la voie. Seul le disque divin de la Connaissance peut ouvrir une faille chez lui. Le *Satguru* finira par employer ce disque pour ouvrir la coquille de son ego. Il videra son intellect en lui faisant sentir quel lourd fardeau représente sa réserve de connaissances limitées. Il remplira ensuite son cœur de Connaissance, de la lumière et de l'amour de Dieu. C'est un travail énorme, que seul un vrai Maître peut accomplir. »

Amma est l'exemple parfait de cet art de vivre en s'impliquant totalement. Son être entier participe à ce qu'elle fait, qu'elle donne le *darshan*, parle, chante les *bhajans* ou prenne part aux travaux de l'Ashram. Quoi qu'elle fasse, sa participation est entière, totale. Lorsqu'elle reçoit ses enfants au cours du *darshan*, elle s'offre à eux et s'oublie. Elle n'a aucun souci de son corps ou de son bien-être physique. Elle est entièrement disponible pour ses dévots, leur offre son être entier et participe à leurs joies et à leurs souffrances, à leurs succès et à leurs échecs. Elle est totalement présente, sans aucune trace d'ego ou de jugement.

L'être entier d'Amma est impliqué dans chacun de ses actes. Elle vit uniquement au présent. Nous ne voyons que sa forme extérieure, mais elle n'est pas là. Il n'y a qu'Être pur. Sa présence et sa participation sont totales, et c'est pour nous une grande source d'inspiration. Amma ne sait rien faire à moitié, elle ne sait que s'investir pleinement. C'est cette plénitude qui fait de la présence d'Amma dans notre vie une expérience aussi merveilleuse et inoubliable ; c'est elle qui confère à toutes ses actions une beauté et un charme spéciaux. Elles deviennent alors pour nous un objet de méditation. Le sourire d'Amma, sa façon de marcher, sa voix, son regard et son contact, chaque détail est parfait, parce qu'elle est *purnam* (la plénitude). Elle est le Tout.

Chapitre 5

Amma passait quelques jours à Calicut. C'était sa première visite dans cette partie du Kérala, loin au nord de l'ashram. Elle séjournait chez un dévot. Les *darshans* du matin se déroulaient, eux aussi, dans la maison. C'était chaque jour un défilé ininterrompu de visiteurs. Amma, assise sur un petit divan de bois dans une pièce assez grande, les recevait un par un. La pièce était située au premier étage, et à l'extérieur, il y avait une longue queue de personnes attendant patiemment leur tour. La queue s'allongeait le long de l'escalier, continuait au-delà de l'entrée principale de la maison, et allait jusqu'à la route. Dans la pièce, certains étaient absorbés en profonde méditation tandis que d'autres, émerveillés, se contentaient de regarder Amma. Les *brahmacharis* chantaient des *bhajans*. Un musicien professionnel exprima le désir de chanter un chant dont il avait lui-même composé la mélodie :

Paravasamannen hridayam Janani

Mon mental est en proie à une agitation profonde,
Due aux innombrables pensées qui le distraient.
Ô Mère, ne tarde plus à prendre soin de ce malheureux !

Sache que je sombre sans recours
Dans les abîmes de l'océan.

Ô Mère,
Toi que nous avons adorée au long des âges,
Ne viendras-Tu pas essuyer mes larmes ?

Mon mental,
En proie à toutes ces vagues malheureuses,
Est dans la confusion.
Je me débats dans cet océan de feu
Sans atteindre la rive,
Sans la vision de Tes Pieds de lotus.

Une vision d'Amma sous la forme de Parashakti

Au moment où le chant se terminait, une femme qui était en train de recevoir le *darshan* d'Amma, se releva soudain et se mit à danser en chantant le *mantra* : « *Aum Parashaktiyai Namah.* » Les bras levés au-dessus de la tête, les paumes jointes, elle avait les yeux fermés et des larmes roulaient le long de ses joues. Elle semblait dans une grande béatitude, et rayonnait la sérénité et la joie d'une personne complètement absorbée en méditation.

Dans son extase, la jeune femme s'exclama : « Quelle bénédiction j'ai reçue aujourd'hui ! En touchant tes pieds sacrés, j'ai été purifiée et bénie. Aujourd'hui, j'ai vu *Parashakti*[2]. Ô Mère, je t'en prie, ne m'abandonne pas ! »

Quelques dévots tentèrent de l'emmener hors de la pièce, mais Amma intervint pour dire : « Non, non, pas de problème ! Elle est plongée dans la béatitude. Ne la touchez pas. Laissez-la danser et chanter. » Suivant les instructions d'Amma, ils abandonnèrent leur idée et la femme, dans le même état de béatitude, continua quelque temps à danser et à chanter.

Elle raconta ensuite son expérience :

---

[2]   La puissance suprême ou la Mère divine.

« Tandis que j'attendais devant Amma, elle me regarda avec un sourire plein d'amour. Ce sourire provoqua en moi comme un choc électrique et me plongea dans la béatitude. J'eus la sensation de perdre conscience de mon corps. Je tombai en prosternation devant Amma. Je l'implorai en criant : « Ô Mère, grande enchanteresse, protège-moi ! Ô Parvati, divine parèdre de Shiva, donne-moi refuge ! » Avec un amour et une affection infinis, Amma me releva, m'attira à elle et plaça ma tête sur ses genoux. Elle leva ensuite mon visage et appliqua de la pâte de santal entre mes sourcils. Ce contact divin fut une autre expérience de suprême béatitude. J'avais les yeux grand ouverts et l'impression d'être hors de l'espace. Tout mon être baignait dans une sensation divine, une présence pleine et tangible. J'avais le sentiment de flotter dans l'espace, de flotter dans une sensation de plénitude parfaite. Mais ce que je contemplais était incroyable. Il ne s'agissait ni d'un rêve, ni d'une illusion ; cette vision était aussi réelle et aussi nette que l'image que j'ai de vous à cet instant. »

La femme était très émue. Elle dut s'interrompre, les mots lui restaient dans la gorge. Les yeux remplis de larmes, elle paraissait comme en extase. Son interlocuteur, qui désirait ardemment entendre la fin de son récit, lui dit : « Je vous en prie, ayez la bonté de me faire part de votre vision. Qu'avez-vous vu ? »

Parvenant à contrôler son émotion, elle répondit : « J'ai vu la forme magnifique et enchanteresse de Dévi, dans toute Sa splendeur et Sa gloire, assise en lotus, avec Ses armes. Les mots ne sauraient décrire cette magnifique expérience. Mon cœur était ivre de béatitude, il ne restait que la béatitude, la béatitude, la béatitude... Je me noyais dans une suprême béatitude. » En racontant son expérience, elle semblait encore éprouver ce sentiment de félicité.

Cette visite de quatre jours à Calicut fut inoubliable. Un défilé ininterrompu de dévots vint recevoir la bénédiction d'Amma.

Le *darshan* du matin, qui commençait à neuf heures trente, se terminait vers seize heures ou seize heures trente. Le soir, les programmes se déroulaient le plus souvent dans différents lieux publics. Des gens de tous les milieux venaient voir **Amma** : enfants, personnes âgées, *sannyasis*, intellectuels, étudiants, avocats, médecins, ouvriers, hommes politiques, journalistes... Dans la chambre, pendant les *darshans* du matin, il n'y avait pas un centimètre carré d'espace libre.

La façon dont Amma reçoit les dévots pour le *darshan* est indescriptible. Comme un miroir nous renvoie notre propre image, les gens voient en Amma leur véritable nature, leur propre Soi. Ils ont le sentiment d'avoir atteint le but de leur vie. Et Amma satisfait leurs désirs ; elle sait ce que souhaite chacun d'eux et le leur fournit en abondance, car elle est la source inépuisable, le Soi infini.

La religion est-elle responsable des conflits actuels ?

Au cours du séjour à Calicut, un journaliste vint rencontrer Amma et eut avec elle la conversation suivante :

Question : « Amma, la religion et la spiritualité sont censées guider les gens sur la bonne voie et leur apporter la paix de l'esprit. Les êtres religieux et spirituels devraient jouer le rôle de catalyseurs et répandre l'harmonie et les valeurs morales au sein de la société, n'est-ce pas ? Il semble pourtant que ce soient eux qui sèment la confusion, les conflits et le déclin moral. Peux-tu expliquer cela ? »

Amma : « Fils, ni la religion ni la spiritualité ne constituent le problème ; le problème, c'est le mental humain. Les principes fondamentaux de toutes les religions enseignent l'amour, la paix et l'harmonie. Les maîtres spirituels n'ont jamais prêché l'égoïsme et n'ont jamais encouragé les gens à se battre.

Les conflits et les problèmes actuels, bien qu'on les dise « religieux », sont dus à un manque de compréhension adéquate des principes religieux.

À notre époque moderne, les gens écoutent plus volontiers le mental que le cœur. Le mental répand la confusion, il est le repère de l'égoïsme et de la méchanceté, le siège de tous nos doutes, et l'intellect est le siège de l'ego. Lorsque vous êtes centré sur l'ego et le mental, vous ne songez qu'à l'argent, à la renommée et au pouvoir. Vous ne vous souciez pas des autres ; vous ne songez qu'à vous-même et à votre situation. Votre cœur est vide de sentiments. L'intellect vous incite à penser « Moi, moi seul ». Le mental est sans cesse préoccupé par toutes sortes de doutes, de soupçons et d'attachements. Sans foi, sans amour, sans compassion, c'est l'enfer qui règne en vous.

Les intellectuels interprètent ; les gens croient à leurs interprétations déformées, puis ils se battent. Dans toute religion, il existe des intellectuels et des auditeurs au mental crédule. Les intellectuels interprètent les enseignements des Écritures et des Maîtres de leur religion. Les gens n'y voient que du feu, croient sans difficulté à leur définition de la vérité et finissent par se battre. Les intellectuels deviennent des chefs, des conseillers révérés. Leurs adeptes les idéalisent et les adorent comme des dieux. En réalité, ils ont complètement oublié Dieu. La vérité et les principes essentiels de la religion ont sombré dans un oubli total. Nul ne se rappelle le but essentiel de la religion et des pratiques religieuses.

Pour notre malheur, la plupart des religions sont dirigées par des intellectuels. Le cœur, le cœur seul, peut nous guider, mais nous l'avons oublié. Un Maître authentique, vivant dans le cœur, est seul à même d'éclairer le chemin, de créer l'unité et de faire comprendre aux gens le sens réel de la religion et des principes religieux.

Quiconque possède une véritable compréhension de la religion et des maîtres religieux authentiques ne saurait les blâmer pour les atrocités aujourd'hui commises au nom de la religion. C'est la faute des intellectuels et de leurs interprétations, et non celle de leurs innocents fidèles. L'entière responsabilité de la situation revient aux maîtres pseudo-religieux, aux soi-disant porte-flambeaux de la religion, car ils induisent les gens en erreur. Ils veulent imposer leurs conceptions personnelles et leurs vues nocives. Débordant d'idées et d'interprétations, ils désirent qu'on les écoute. Leur ego a soif d'attention et ces individus d'un égoïsme extrême sont si avides d'honneurs qu'ils font en sorte que d'innocents croyants adressent leurs prières à leur personne — à leur ego.

Ces fidèles innocents ont foi en leurs paroles, en leurs fausses exégèses. L'ego est naturellement beaucoup plus fort que le mental. Le mental en lui-même est faible. L'ego est déterminé, tandis que le mental, sans cesse en proie au doute, est instable et chancelant. Les intellectuels de presque toutes les religions sont résolus à convaincre les gens. Dotés d'un ego gigantesque et de détermination, ils parviennent sans difficulté à captiver les croyants, ceux dont le mental n'est pas armé contre ces manipulations. Ils remportent ainsi la victoire sur ces innocents qui finissent par se battre pour eux.

Ces intellectuels ne possèdent ni foi, ni amour, ni compassion. Leurs *mantras* sont l'argent, le pouvoir et le prestige. Ne blâmez donc pas la religion, la spiritualité ou les maîtres authentiques pour les problèmes actuels. La spiritualité et la religion n'y ont aucune part. Le problème, c'est le mental humain. »

Le journaliste paraissait stupéfait. Il demeura un moment silencieux avant de poser la question suivante.

Religion et Spiritualité

Question : « Amma, la spiritualité et la religion sont-elles distinctes ou bien sont-elles une seule et même chose ? »

Amma : « La spiritualité est le vrai nom de la religion. La religion est l'extérieur et la spiritualité l'intérieur. Prenez l'image d'un fruit : si la religion en constitue la peau, la spiritualité en est la pulpe — l'essence. La spiritualité est la véritable substance de la religion ; en réalité, il est impossible de distinguer entre les deux, elles ne font qu'un ; mais percer l'enveloppe extérieure pour plonger dans la véritable essence exige une compréhension et un discernement adéquats.

Les gens se trompent lorsqu'ils croient que la religion et la spiritualité sont deux entités séparées. Elles sont aussi étroitement liées que le corps et l'âme. Considérées et examinées avec les instruments que sont le mental et l'intellect (l'ego), elles apparaissent distinctes. Regardez un peu plus profondément, et vous découvrirez qu'elles ne font qu'un.

On peut comparer la vraie religion à la surface de l'océan et la spiritualité aux perles et aux trésors inestimables enfouis dans les eaux abyssales. Le véritable trésor est caché dans les profondeurs intérieures.

L'extérieur de la religion, les textes religieux et les Écritures, satisfont l'intellect, tandis que l'intérieur, la spiritualité, apporte le véritable bonheur et la paix de l'esprit parce qu'il calme le mental. La quête commence toujours par l'extérieur, mais elle aboutit forcément à l'intérieur. Grâce à l'étude des Védas, des Upanishads et des autres Écritures, il est possible d'obtenir une certaine satisfaction intellectuelle. Mais l'ego y trouve sa nourriture et le mental continue à être agité et turbulent. Cette étude peut toutefois nous permettre de nous tourner lentement de la religion extérieure vers la religion intérieure. Lorsque la quête extérieure cesse, nous cherchons à l'intérieur et abordons ainsi la spiritualité. Jamais l'extérieur ne pourra nous procurer une joie parfaite. Un jour ou l'autre, nous allons vers la source réelle, vers l'intérieur. La joie intellectuelle ne nous procurera jamais un bonheur véritable. Vous serez peut-être convaincu un moment, mais les doutes, les questions et les raisonnements se lèveront de nouveau.

Imaginez que l'on vous donne une noix de coco, et que vous n'en ayez jamais vu auparavant. Vous avez entendu dire qu'il s'agit d'une nourriture très saine et que le lait de coco désaltère merveilleusement. En examinant le fruit, vous voyez que l'extérieur semble appétissant et vert. Vous prenez donc l'enveloppe pour le cœur et vous mordez dedans. Mais le seul résultat, c'est que vos gencives se mettent à saigner et que vous avez mal aux dents. C'est si dur ! Vous êtes sur le point de jeter la noix de coco, quand un passant remarque votre embarras. Juste au moment où vous alliez vous en débarrasser, il vient vous dire : « Non, non, ne la jetez pas ! Le cœur et le lait sont à l'intérieur. Ouvrez-la et vous verrez. » Puis l'homme s'en va. Vous vous débrouillez pour ouvrir la noix de coco. Vous trouvez une enveloppe de fibres brunes et une coque dure. Croyant que ces fibres constituent le cœur, vous essayez de mâcher. C'est plus tendre que l'enveloppe extérieure, mais le goût en est curieux. Quant à la coque qui est au-dessous, elle est beaucoup plus dure ; inutile de songer même à y mordre. Vous recrachez les fibres et vous vous apprêtez de nouveau, désespéré, à jeter la noix de coco. À cet instant, une autre personne vient à vous, ayant elle aussi observé vos efforts. Elle prend la noix de coco et l'ouvre pour vous. Vous en buvez le lait sucré, rafraîchissant et vous mangez la chair. Vous voilà enfin satisfait, ayant apaisé votre soif et votre faim.

C'est ce qui se produit avec la spiritualité et la religion. Vous prenez l'extérieur pour l'intérieur, mais l'extérieur fait partie de l'intérieur. Ils sont inséparables. L'extérieur est la religion et l'intérieur, la spiritualité. On peut interpréter cette image autrement : comme l'extérieur brillant de la noix de coco, le corps humain est beau en apparence. Les gens prennent le corps pour l'âme, l'*atman*, et concentrent toute leur attention sur le corps, auquel ils sont très attachés. Pour connaître le Soi, notre véritable essence, il faut aller au-delà du corps. Mais nous voilà alors aux prises avec le mental, beaucoup plus subtil et plus compliqué. Dépourvus de compréhension véritable, les gens croient que le mental est l'*atman*. Transcender celui-ci et les pensées pleines de confusion est infiniment plus difficile. À l'intérieur du mental se trouve une coque encore plus dure, constituée de l'intellect et de l'ego avec son sens du « moi » et du « mien ». Pour atteindre le cœur, la véritable essence, il est nécessaire de transcender tout cela. Seul un Maître authentique peut vous guider vers ce secret intime, ultime, de la vie. La plupart des gens sont enlisés soit dans le corps, soit dans le mental et l'intellect (l'ego). Pour atteindre la demeure véritable du bonheur, l'essence de la vraie religion, c'est-à-dire la spiritualité, il est nécessaire de traverser et de dépasser ces trois niveaux.

Comme l'extérieur d'une noix de coco, la religion, avec sa splendeur visuelle, exerce parfois un grand charme, une grande séduction. Mais vous n'en retirerez rien de substantiel, et plongerez peut-être même dans l'illusion. Si vous vous attachez trop à l'aspect extérieur, il en résultera des souffrances et des problèmes accrus.

Les êtres humains, hélas, n'ont pas les yeux qui leur permettraient de voir la réalité. Ils sont beaucoup plus attirés par l'irréel que par le réel, par l'extérieur que par l'intérieur. Les gens sont très attachés à leurs idées personnelles et ne se réfèrent à rien d'autre. Ils vivent avec leur interprétation personnelle de la religion, fort éloignée de la religion authentique.

Mes enfants, voici une histoire qu'Amma a entendue :

Un groupe de touristes traversait la campagne, quand leur bus tomba en panne. Les gens du coin leur apportèrent à manger. Mais cette cuisine étrangère leur parut curieuse et ils craignaient même que la nourriture soit avariée. Malgré leur faim, ils hésitaient donc à manger. À ce moment-là, ils virent passer un chien. Les touristes lui jetèrent une portion de nourriture, qu'il avala promptement. Ils observèrent ensuite les effets éventuels. Mais le chien avait mangé de bon cœur et n'eut aucun malaise. Le lendemain matin, ils apprirent que le chien était mort, ce qui signifiait sans doute que la nourriture était en fin de compte mauvaise. Ce fut un choc pour les touristes. En peu de temps, beaucoup d'entre eux tombèrent sérieusement malades, montrant tous les symptômes d'un empoisonnement alimentaire. On alla quérir un docteur. Lorsqu'on lui expliqua la situation, il se renseigna pour savoir où se trouvait le cadavre du chien, afin de vérifier la cause de sa mort. Un habitant du coin était au courant. Il dit au docteur : « J'ai jeté le chien dans un fossé car il avait été écrasé par une voiture. »

La véritable religion se situe bien au-delà de la conception que les gens en ont. Les soi-disant intellectuels de toutes confessions ont enseigné au peuple une religion qui est leur pure création, qui correspond à leurs idées et n'a pas grand chose à voir avec la vraie religion et ses principes essentiels. Ils dupent les gens en leur faisant suivre uniquement l'aspect extérieur de la religion, jamais l'aspect intérieur. Si l'unité interne des différentes confessions était révélée au peuple, leur propre importance s'en trouverait grandement diminuée et on ne leur accorderait plus aucune attention. C'est pourquoi ils mettent l'accent sur les différences extérieures. Sinon, leur ego crierait famine, ce qui leur serait intolérable. En outre, enlisés comme ils le sont dans l'intellect, ils sont incapables d'assimiler les principes réels de la spiritualité. Comment pourraient-ils donc les enseigner à qui que ce soit ?

Lorsque les gens comprennent la signification profonde de la religion, ils abandonnent les faux chefs religieux. Ils ne recherchent plus leurs conseils, car ils savent que seul un être ayant dépassé l'ego peut réellement les conduire au véritable but de la vie.

L'essence de toutes les religions du monde est la spiritualité. Une doctrine sans principes spirituels à la base est comme un fruit artificiel en cire. C'est un membre artificiel, dépourvu de vie ou de vitalité, un fruit creux à l'intérieur, sans chair.

La spiritualité est le substrat sur lequel toutes les religions authentiques reposent. Aucune religion ne peut se maintenir longtemps si elle n'est pas fondée sur des principes spirituels, elle dure le temps d'un feu de paille.

La relation est la même entre *Brahman*, l'absolu, et le monde des phénomènes. Le monde ne peut exister sans *Brahman*, car *Brahman* est le substrat sur lequel il repose. Mais *Brahman* existe sans le monde. Ainsi, la religion ne peut se passer de la spiritualité, mais la spiritualité existe sans la religion. On peut également les comparer au corps et à l'âme (*atman*). Pour que le corps existe, il faut une âme, mais l'âme existe en-dehors du corps. En essence, la religion et la spiritualité ne font qu'un. Il n'y a aucune différence si on les considère sous un angle adéquat et avec une compréhension juste.

Chapitre 6

Amma cesse de manifester Krishna Bhava

Le 18 octobre 1983, Amma annonça qu'elle allait arrêter de donner *Krishna bhava*. Cette décision fit saigner le cœur de nombreux dévots de Krishna. Amma, bien sûr, avait ses raisons. Elle déclara : « Pendant le *Krishna bhava*, Amma est complètement détachée. Dans cet état, Amma n'éprouve ni compassion, ni le sentiment d'un manque de compassion. Tout n'est qu'un jeu de la Conscience, rien ne touche ni n'émeut Amma. Mais pendant le *Devi bhava*, c'est différent. Elle est alors la Mère, pleine de sollicitude pour ses enfants, elle ne ressent qu'amour et compassion. »

Amma elle-même a révélé plusieurs fois qu'elle est à la fois la Mère intérieure et la Mère extérieure. La Mère extérieure prend la forme de la Mère remplie de compassion et d'amour, qui aime profondément ses enfants. Mais la Mère intérieure est au-delà de tels sentiments — comme l'espace infini. Amma dit : « Si Amma le souhaite, elle peut demeurer dans l'état situé au-delà et ne se soucier de rien, n'être affectée par rien, mais cela ne profiterait guère ni à ceux qui souffrent, ni à la société. C'est pourquoi Amma choisit de manifester l'aspect d'une mère tendre et pleine de compassion. »

La nouvelle de la décision d'Amma — de mettre fin au *Krishna bhava* —, se répandit comme une traînée de poudre parmi les résidents et les dévots. Ce fut un choc pour nombre d'entre eux. Certes, ils percevaient sa divinité à tout moment, et pas seulement au cours de ces *bhavas* divins, mais ils demeuraient très attachés au *Krishna* et au *Dévi bhava*.

Les premières années, Amma se montrait très joueuse et espiègle pendant les *Krishna bhava*. Elle se comportait comme Krishna, à la grande joie des dévots.

Pour un *Mahatma*, le monde est un drame enchanteur. La nature variée et contradictoire du monde ne l'affecte en rien et il est parfaitement détaché.

Quelle est la raison d'être de la pièce ? Comme le Seigneur règne seul sur la création, on peut se demander quel est le but de cette représentation, de ce jeu (*lila*) qu'Il joue.

Amma a un jour déclaré : « Le jeu du Seigneur n'a été créé que pour apprécier la pièce. Il est le Maître suprême et la réalité omnisciente, mais ce jeu ne peut en être un qu'à condition d'abandonner ce pouvoir, de l'oublier. À l'instant où vous exercez votre autorité, vous sortez du jeu, et ce n'est plus un jeu.

On peut aussi interpréter cela de la façon suivante : le monde ne nous paraît réel que parce que nous y sommes attachés. Cela lui donne un semblant de réalité, tandis que le détachement en fait un jeu délicieux. Dans cet état, il n'y a ni sentiment, ni autorité. Une fois que vous abandonnez votre attachement, vous réalisez que tout n'est qu'un jeu et vous pouvez y participer.

Amma va vous raconter une histoire pour expliquer ce point.

Un petit prince jouait à cache-cache avec quelques enfants autour du château. Le prince était occupé à chercher ses amis ; complètement pris par le jeu, il s'amusait beaucoup. Il ne trouvait personne et courait çà et là, s'efforçant avec ardeur de trouver ses camarades. Un adulte l'attrapa et lui dit : « Pourquoi te donnes-tu tant de mal pour les trouver ? Ils viendraient aussitôt si tu exerçais ton autorité royale et les appelais. »

Le prince regarda l'adulte avec compassion, comme si le pauvre homme était malade, et lui dit : « Mais il n'y aurait plus de jeu et ce ne serait plus amusant du tout ! »

Pendant le *Krishna bhava*, Amma est complètement détachée. Dans cet état, tout est un jeu. Amma n'exerce alors aucune autorité. Au cours du *Devi bhava*, en revanche, elle utilise son autorité et son omnipotence pour protéger ses enfants. »

Cette humeur joueuse d'Amma pendant le Krishna *bhava* avait créé chez les dévots un attachement profond à Amma-Krishna, bien qu'elle fût, dans cet état, étonnamment détachée.

L'un des moments les plus merveilleux du *Krishna bhava* était le *prasad*. Amma laissait les fidèles boire le *panchamritam* [3] directement de la paume de sa main, qu'elle portait à leurs lèvres.

Parfois, quand un fidèle ouvrait la bouche pour recevoir le *prasad*, Amma, espiègle, retirait la main. Elle jouait ainsi plusieurs fois avec certaines personnes, en particulier avec les dévots de Krishna.

D'autres fois, Amma-Krishna liait par jeu les mains d'un dévot. C'est qu'il ou elle avait commis une faute dont Amma était parfaitement au courant, bien que nul ne lui en ait soufflé mot. Le dévot s'était peut-être disputé avec sa femme, ou bien il avait désobéi aux conseils ou aux instructions d'Amma. Il ne s'en était peut-être pas vanté, mais Amma l'attrapait quand il venait au *darshan*.

Un jeune homme qui s'était arrêté de fumer après sa rencontre avec Amma fut un jour tenté de recommencer. Il était en compagnie de ses amis, des fumeurs, et la tentation fut si forte qu'il prit une bouffée. Mais il en éprouva de tels remords qu'il ne recommença pas. Au cours du Krishna *bhava* qui suivit, lorsqu'il alla au *darshan*, Amma lui sourit en lui lançant un regard

---

[3]   Un mets sucré offert pendant le culte et constitué de lait, de bananes, de sucre brun, de sucre candi et de miel.

malicieux. Elle fit semblant de tenir une cigarette entre le majeur et l'index, puis elle porta cette cigarette imaginaire à ses lèvres. Embarrassé, le jeune homme fit devant Amma le serment de ne plus jamais fumer.

Une autre fois, Amma bâillonna sa grand-mère paternelle, *Acchamma*, avec un morceau de tissu, parce que celle-ci parlait trop. Un jour encore, Amma noua une écharpe autour des yeux d'un fidèle et lui ordonna de faire trois fois le tour du temple, parce qu'il était allé trop souvent au cinéma.

Il y avait un vieil homme plein d'innocence avec lequel Amma-Krishna, espiègle, avait l'habitude de jouer. C'était un ardent dévot de Sri Krishna et sa foi en Amma était inébranlable. Amma aimait beaucoup jouer des tours à ce vieil homme, candide comme un enfant. Il avait plus de soixante-dix ans et sa vue était si mauvaise qu'il ne voyait rien sans ses lunettes. Quand il venait au *darshan*, Amma les lui ôtait toujours, ce qui le faisait rire. Il ne s'arrêtait que quand elle les lui rendait. Ayant remis ses lunettes, il s'approchait d'Amma pour recevoir sa bénédiction. Mais sans prévenir, elle les lui retirait de nouveau. Elle répétait plusieurs fois cette farce et toujours, le vieil homme innocent se contentait de rire. Il disait « Ô Krishna, à quoi joues-Tu ? Comment puis-je Te voir sans mes lunettes ? » Puis il ajoutait : « D'accord, Tu peux les garder. Tu peux prendre ces lunettes extérieures et obscurcir ma vue tant que Tu veux, mais Tu ne peux échapper à l'œil de mon mental ni sortir de mon cœur. Tu y es enfermé pour toujours. »

Pendant le Krishna *bhava*, Amma donnait quelquefois au vieil homme du *panchamritam*. Elle lui en donnait sans se lasser et jamais il ne disait « assez ». Il continuait à l'ingurgiter. Amma était si rapide qu'elle ne lui laissait parfois pas le temps d'avaler. Quand elle le voyait lutter et se fatiguer, elle riait doucement. Mais il fallait bien que le jeu ait une fin, et quand Amma arrêtait enfin de le nourrir, il protestait innocemment : « Pourquoi arrêtes-Tu ?

J'aime tant cela. J'en veux encore ! Donne-moi tout. » Et il disait parfois : « Ô Krishna, Tu sais quoi ? J'aime la douceur de Ta main plus que n'importe quel *panchamritam*. C'est pourquoi je ne peux pas refuser lorsque Tu me nourris. Que Tes mains sont douces, Ô Seigneur. »

Il existe un chant en sanscrit à la louange de Krishna, que le vieil homme chantait lorsqu'il venait pour le *darshan*.

Adharam madhuram (Madhurashthakam)

Si douces sont Tes lèvres,
Doux est Ton visage,
Doux sont Tes yeux
Et Ton sourire est doux
Ton cœur est doux
Et douce est Ta démarche ;
Ô Seigneur de Mathoura
Ton être entier n'est que douceur.

Douces sont Tes paroles
Et Tes histoires,
Doux sont les vêtements que Tu portes.
Chacun de Tes mouvements est doux ;
Ô Seigneur de Vrindavan
Ton être entier n'est que douceur.

Si douce est Ta flûte
Et douces sont Tes mains
Douce est la poussière de Tes pieds
Tes jambes sont douces
Ta façon de danser est douce
Ton amitié est douce ;
Ô Seigneur de Mathura
Ton être entier n'est que douceur.

À la fin du Krishna *bhava*, quand Amma dansait en extase, les *brahmacharis* et les dévots chantaient les *bhajans* suivants : *Krishna Krishna Radhe Krishna, Govinda Gopala Venukrishna, Mohana Krishna Manamohana Krishna, Murare Krishna Mukunda Krishna, Radhe Govinda Gopi, et Shyama Sundara.*

Doux et enchanteur était le divin *bhava* d'Amma en tant que Krishna. Après avoir reçu chacun, elle venait à l'entrée du temple où elle restait debout un long moment, regardant les fidèles et leur souriant. Les *brahmacharis* chantaient des *bhajans* avec ferveur, à un rythme rapide. Amma sortait alors lentement du temple. Elle levait les bras et se mettait à danser, ses mains formant des *mudras* (gestes sacrés). Cette danse extatique, pleine de béatitude, toujours exécutée avec douceur, comme une méditation, faisait naître beaucoup d'amour et de dévotion dans le cœur des dévots. Elle les transportait à Vrindavan, où Krishna avait l'habitude de jouer avec les *gopis* et les *gopas*. La même atmosphère était recréée par Amma dans ce petit village de pêcheurs, pour le bien de tous.

Le *Krishna bhava* étant le premier *bhava* divin manifesté par Amma, les fidèles y étaient très attachés. Ils avaient tant de souvenirs qu'ils trouvaient difficile d'y renoncer. Ils éprouvaient beaucoup de peine ; cette douleur s'exprimait dans leurs regards, dans leurs gestes.

Dans tout l'ashram, on pouvait entendre les gens narrer leurs souvenirs de Krishna *bhava*. Le vieil homme innocent dont on a parlé plus haut avait bien des histoires merveilleuses à raconter. Il se remémorait sans arrêt le premier *bhava* et l'époque où Amma donnait le *darshan* sur la plage. Il racontait les grandes difficultés auxquelles ils se heurtèrent au cours de cette première période.

Les dévots étaient si malheureux, que les jours de *bhava darshan*, la plupart pleuraient à chaudes larmes, d'abord sur l'épaule de Krishna[4] pendant le Krishna *bhava*, puis sur les genoux de Dévi.

Ils priaient Amma, la suppliant de ne pas arrêter ce *bhava*. Elle consentit donc à apparaître en Krishna une fois par mois. Sa compassion envers les dévots étant infinie, elle ne pouvait aisément rester sourde à leurs prières. Mais finalement, Amma arrêta complètement de manifester le *Krishna bhava*. Elle ne le fit toutefois que lorsque ses fidèles eurent acquis suffisamment de maturité spirituelle pour comprendre qu'Amma est toujours la même, qu'elle soit en *Krishna* ou en *Devi bhava*. La dimension plus vaste de sa nature infinie leur était peu à peu révélée.

Un dévot qui était très attaché au *Krishna bhava* raconta au *brahmachari* Balou une de ses expériences. « Vous savez, chaque soir je pose un verre de lait chaud devant une photo d'Amma en Krishna *bhava*. Un jour, ma femme et moi étions si pressés de partir pour le *darshan* que nous n'eûmes pas le temps de laisser refroidir le lait après l'avoir fait bouillir. Il était l'heure de prendre le bus pour Vallickavou. J'ai donc posé le lait encore bouillant devant la photo, dans le sanctuaire familial, et j'ai couru jusqu'à l'arrêt du bus. Lorsque nous arrivâmes, le Krishna *bhava* était déjà commencé. Mon épouse et moi-même allâmes au *darshan*. Comme un petit enfant espiègle, Krishna nous regarda et S'exclama en souriant : « Regardez ! Je Me suis brûlé les lèvres en buvant le lait chaud ! » Croyez-moi, la marque d'une brûlure était visible sur les lèvres d'Amma ! » En évoquant ce souvenir, le dévot se mit à pleurer, et des larmes roulaient le long de ses joues. Sous l'effet de l'émotion qui le secouait, sa voix se mit à trembler et il lui fut impossible de continuer à parler.

Voilà que la situation, dans l'ashram, évoquait le moment où Krishna dut quitter Vrindavan. Mais, comme le dit **Amma :**

---

[4] Pendant le *Krishna bhava*, Amma se tenait toujours debout, un pied posé sur un petit *pitham* (siège sacré).

« Parfois, ceci est Krishna, parfois, ceci est Devi. Mais Krishna et Devi sont toujours là, à l'intérieur de cette fille folle. » Au-delà de cette constatation, il y a un enseignement profond. Puisqu'Amma, qui est en réalité à la fois Krishna et Dévi, vit parmi nous, quelle raison aurions-nous de nous inquiéter ? Les différents aspects, les différentes formes d'Amma ne sont pas des entités isolées ; ce sont toutes des manifestations de la même réalité universelle. Et cette réalité suprême, qui est Amma, d'où naissent toutes les formes, est là pour nous protéger et nous guider. Nous n'avons donc aucun souci à nous faire.

Le désespoir, le sentiment de deuil des dévots, ne durèrent néanmoins que peu de temps car leur attachement à Amma était beaucoup plus profond que toute autre considération.

En outre, Amma elle-même révélait à tous son unité avec les différents aspects du Divin et sa capacité de manifester n'importe lequel d'entre eux, par sa propre volonté, au moment où elle le désire. Un jour par exemple, quelques mois après qu'Amma ait réduit le *Krishna bhava* à un par mois, Amma, Balou, Venou, Gayatri et Nealou étaient assis dans la hutte de ce dernier. Amma et Nealou parlaient, quand celui-ci déclara soudain : « Amma, tu es tout pour moi. Tu es Krishna, Dévi et tous les autres aspects du Divin. Je sais que tu es Krishna, et aussi Radha et Dévi. Tu es en vérité l'incarnation de *Brahman*. Pourtant, j'ai parfois un désir intense de te voir en *Krishna bhava*. »

Amma adressa à Nealou un sourire espiègle et demanda : « Nealou *mon*, (Nealou, mon fils), souhaites-tu vraiment voir Amma en Krishna *bhava* ? »

« Oui, beaucoup ! » répondit Nealou. Sans un mot, Amma s'empara du châle en coton de Nealou et se le noua autour de la tête. Se tournant vers lui, elle dit : « Regarde ! » Tous furent étonnés de voir Amma apparaître exactement comme pendant les *Krishna bhava*. La façon dont ses mains exécutaient des *mudras*, l'expression de son visage, ses yeux étincelants et son sourire[5], tout évoquait le *Krishna bhava*.

Les *brahmacharis* et Gayatri, spontanément, se prosternèrent devant elle. Mais la révélation divine ne dura que quelques secondes, et Amma reprit Sa conversation avec Nealou.

Un jour, le *brahmachari* Païdésirait une photo d'Amma, dans une pose qu'il chérissait particulièrement. Il possédait quelques photographies d'Amma, dont certaines en Dévi ou en Krishna, et bien sûr, il les aimait toutes, mais cette photo précise, que nul n'avait encore prise, était l'image d'Amma sur laquelle il méditait. Il nourrissait le vif désir d'avoir une photo d'Amma assise sur le *pitham* du *Devi bhava* mais dans les vêtements blancs qu'elle porte d'ordinaire, les cheveux relevés, sans la couronne. Il souhaitait aussi qu'Amma exécute l'*abhaya mudra*[6], qui signifie protection et bénédiction.

Mais comment aurait-il pu demander à Amma d'assumer cette pose pour que l'on prenne un instantané ? Il n'en parla à personne.

Cette situation lui devint insupportable. Un jour qu'il se sentait très triste et avait pleuré pendant longtemps, il vit Amma venir à lui. Elle lui sourit et dit : « Fils, Amma sait ce que tu désires. Ne t'inquiète pas, Elle va exaucer ton souhait. » Elle dit à Païde la suivre et entra dans le temple. Elle s'assit sur le *pitham* de *Devi bhava*, exactement dans la pose qu'il visualisait. Mais à l'instant où elle s'asseyait sur le *pitham*, elle se transforma et assuma l'apparence de Dévi, manifestant tous les signes divins

---

[5]   Pendant le *Krishna bhava*, Amma avait une façon particulière de sourire en abaissant les côtés des lèvres ; ce sourire était très attrayant.

[6]   Dans ce *mudra* les deux paumes sont ouvertes vers l'extérieur, les doigts réunis, la main droite à la hauteur de l'épaule et la main gauche pointant vers le bas, vers la hanche.

qui caractérisaient d'ordinaire le *Devi bhava*. Le *brahmachari* Sri Koumar prit la photo et le rêve de Païì fut enfin réalisé.

Le point essentiel à retenir est ici la faculté d'Amma de manifester Krishna et Dévi, ou n'importe quel aspect du divin, au moment où elle le désire. Il ne s'agit pas d'une capacité limitée à une certaine heure ou à un certain endroit. Le moment et l'endroit qu'elle choisit pour manifester ce *bhava* sont le lieu et l'instant adéquats.

Dans les premiers temps, les quelques *brahmacharis* qui résidaient à l'ashram chantaient le *Sri Lalita Sahasranamam*, les mille noms de Dévi, tandis qu'Amma était assise sur un *pitham* spécial. Mais Amma préférait parfois s'asseoir sur le *pitham* du *Devi bhava*. Bien souvent, elle exauçait le désir des *brahmacharis* et portait le costume de *Devi bhava*, sans oublier la couronne, pour cette litanie des Mille Noms. Les *brahmacharis* s'asseyaient en demi-cercle autour d'Amma et accomplissaient leur adoration, ce qui leur prenait entre une heure et demie et deux heures. Pendant tout ce temps, Amma demeurait profondément absorbée en *samadhi*. Son aspect était exactement le même que lors du Dévi *bhava*. Les litanies et l'adoration terminées, il arrivait qu'elle restât en *samadhi*.

En d'innombrables occasions, Amma révélait clairement son unité avec le Divin, ou bien elle en parlait ouvertement. Ces révélations, ainsi que quelques expériences marquantes, donnèrent aux *brahmacharis* et aux fidèles un aperçu de la nature réelle d'Amma. Ils acquirent ainsi plus de maturité et d'intelligence spirituelle. Le dernier *Krishna bhava* « officiel » fut une nuit inoubliable. Les dévots, l'un après l'autre, pleuraient sur l'épaule de Krishna. On ne chanta cette nuit-là que des *bhajans* en Son honneur, et quand les *brahmacharis* furent à cours de chants dédiés à Krishna, ils choisirent des chants pleins de désir poignant pour Dévi, et les transformèrent en *bhajans* à Krishna. Le *brahmachari* Venou pleura pendant tout le *Krishna bhava*. Incapable de chanter, il se leva et alla s'asseoir dans le temple. Amma l'invita à s'asseoir près d'elle.

Un des chants qu'ils choisirent cette nuit-là donnera au lecteur une idée de la douleur qu'éprouvaient les dévots. Il a pour titre :

Povukayayo Kanna

Ô Kanna, est-il vrai que Tu pars ?
J'ai été abandonné par tous en ce monde,
Vas-Tu, Toi aussi, me délaisser ?

Ô Kanna,
Je veux Te garder
Comme un joyau bleu
Dans le sanctuaire de mon cœur
Et T'y adorer chaque jour.

Ô Kanna,
Laisse-moi recueillir les perles d'Amour
Dans les profondeurs de l'océan azuré
Qu'est Ta forme.

Et quand Tu viendras à moi
Sous la forme d'un oiseau de béatitude,
Le triste oiseau de ma vie
Languira de se fondre en Toi,
Ô Kanna.

Cette nuit marqua la dernière manifestation « officielle » du *Krishna bhava*. Pour l'amour de ses dévots, Amma continua néanmoins, comme nous l'avons déjà dit, à apparaître une fois par mois dans ce *bhava*. Le dernier Krishna *bhava* eut lieu en novembre 1985.

Pour clore ce chapitre, remémorons-nous quelques paroles d'**Amma** :

« Les dévots appellent Cela Krishna, Dévi, Shiva, Amma ou *guru*, selon leur foi. Amma n'est rien de tout cela et en même temps, elle est tout. Mais elle est aussi au-delà. L'univers entier est contenu en elle comme une bulle. »

Chapitre 7

Un dévot habitant à quatre kilomètres au sud de l'Ashram avait invité Amma et elle avait promis de venir.

Ce soir-là, elle quitta donc l'ashram vers dix heures, après les *bhajans*. Quelques *brahmacharis* l'acompagnaient (Balou, Sri Koumar, Païe, Venou et Rao), ainsi que sa mère Damayanti-amma, son cousin Harshan, son frère Satish et deux voisines. Amma emprunta le chemin qui borde l'océan. C'était une nuit magnifique, une nuit de pleine lune. La mer d'Arabie scintillait sous le clair de lune, ses vagues vibraient de la syllabe sacrée « *aum* ». Les nuages enveloppaient parfois l'astre nocturne d'un voile, plongeant la terre dans l'obscurité. Mais bien vite, la clarté laiteuse de la lune réapparaissait.

Le groupe se dirigea lentement vers le sud, la mer à sa droite. Au début, personne ne parlait. Lorsqu'ils eurent parcouru environ cinq cents mètres, Amma alla soudain au bord de l'eau, là où les vagues se brisaient sur le rivage. Immobile, elle regardait à l'horizon, vers l'ouest, tandis que les vagues, sans se lasser, lavaient ses pieds sacrés, comme si leur désir était de les baigner autant de fois que possible avant qu'elle ne se remette en chemin.

Aussi vaste et profond que l'océan

Tandis qu'elle contemplait la mer, quelques paroles s'échappèrent de ses lèvres. Elle dit : « L'océan est vaste et infini mais il est aussi profond. Vous pouvez, dans une certaine mesure, voir et ressentir son étendue infinie, mais sa profondeur demeure invisible et échappe à votre vision ordinaire. Pour la connaître, il faut plonger. Aller aussi profond exige du courage, un mental hardi et l'abandon de soi. »

Amma se tut, et ils reprirent leur marche vers le sud. En chemin, un des *brahmacharis* demanda : « Amma, que voulais-tu dire lorsque tu parlais au bord de l'eau ? »

Amma répondit : « Mes enfants, vous percevez l'amour, la compassion, l'abnégation et les autres qualités divines d'un *Mahatma*. En sa présence, elles s'offrent à vous sur une vaste échelle, un peu comme la surface infinie de l'océan. Mais vous n'en voyez qu'une partie, cette vision ne vous montre qu'un aperçu, une fraction infinitésimale de sa superficie, en fait pas grand chose. Contempler l'océan depuis la rive n'est rien. Néanmoins, même si vous n'en voyez en réalité qu'un fragment infime, cela vous permet de comprendre que l'océan est incommensurable. Il est vaste et profond. La profondeur est à l'intérieur et l'étendue est à l'extérieur. L'amour et la compassion que nous percevons chez un *Mahatma* sont comparables à la surface de l'océan : il s'agit d'une manifestation extérieure qui nous donne une expérience tangible de ce que recèle l'intérieur. Mais comme nous n'avons pas la faculté de nous ouvrir complètement, comme des enfants, nous ne ressentons qu'en partie l'amour et la compassion infinies que le *Mahatma* nous donne. Nous ne percevons qu'une fraction de ses qualités divines, mais sa profondeur incommensurable est celle de l'océan. Elle réside à l'intérieur et nous demeure invisible. Pour la connaître, il faut dépasser la surface et aller au-delà.

Prosternez-vous et découvrez la profondeur

La forme extérieure (d'un *Mahatma*) est sans aucun doute magni-fique et spectaculaire, et il est relativement aisé d'entrer en relation avec lui sur le plan extérieur, tandis que le contact intérieur est plus difficile ; c'est un peu la différence entre nager et plonger. Nager à la surface de l'océan est une expérience agréable et joyeuse mais plonger peut s'avérer une expérience d'une autre dimension. C'est une aventure. Lorsque vous plongez, vous pénétrez dans un monde entièrement différent. Vous allez explorer les royaumes sous-marins, inconnus et mystérieux, mais cela demande plus d'efforts que si vous vous contentiez de nager à la surface. Il faut retenir votre respiration et vous prosterner devant les flots au moment où vous pénétrez sous l'eau. Le nageur s'abandonne à l'océan. Si vous le faites, il vous révèle ses trésors cachés. Jusqu'alors, vous ne connaissiez que la beauté de la surface, sans soupçonner qu'il existait des domaines d'une splendeur bien plus grande encore. Plus vous allez profond, plus votre désir d'en découvrir plus grandit et votre soif de connaître devient inextinguible. Vous allez ainsi de plus en plus loin, jusqu'à ce que vous atteigniez le fond de la mer.

L'amour et la compassion que le *Mahatma* manifeste à l'exté-rieur sont d'une beauté extraordinaire, incomparable. Il n'y a rien de tel sur la face de la terre. Mais la splendeur du Soi intérieur est encore au-delà, elle est absolument indicible. Pour connaître cette gloire cachée, la gloire des profondeurs insondables, il faut transcender le corps du *Mahatma*, dépasser les manifestations extérieures d'amour et de compassion. Atteindre l'inexprimable requiert l'abandon de toutes les formes d'expression. Si nous voulons aller sous la surface en dépassant la forme extérieure du Maître, nous devons nous prosterner devant lui, nous aban-donner à lui dans une humilité totale. Cela revient à plonger profondément dans l'océan. Quand votre abandon est complet, le *Mahatma* vous révèle son être intérieur.

L'amour d'un *Mahatma* est au-delà des mots. La compassion que vous voyez et percevez à l'extérieur est certes profonde et forte, mais cette profondeur et cette force ne sont qu'une fraction infinitésimale de sa nature réelle. Celle-ci est infinie. Vous aurez beau parler ou écrire sans fin au sujet d'un objet d'infini, jamais vous ne parviendrez à une explication satisfaisante, parce que cet objet est sans limite, plus vaste que l'univers.

Incarnation de l'amour et de la compassion, le *Mahatma* possède la patience de la terre, mais sa colère a la même profondeur que l'amour, la compassion et la patience qu'il ou elle exprime. »

Amma se tut. Il était près de vingt-trois heures. Quelques pêcheurs se promenaient encore sur la plage, d'autres étaient allongés çà et là et dormaient sur le sable. Assis sur la rive, un groupe d'entre eux, occupé à parler et à bavarder, se profilait dans le clair de lune. Quand l'astre se voilait de nuages, on ne discernait que le rougeoiement des bidies[7].

Certains des promeneurs venaient examiner de plus près le petit groupe qui marchait le long de l'océan à cette heure tardive. Reconnaissant des visages familiers, ils partaient sans dire un mot. Il se trouva parmi eux un dévot. Quand il reconnut Amma et les *brahmacharis*, il s'exclama tout ému : « Ô, c'est toi, Ammachi ? Où vas-tu donc à cette heure de la nuit ? » Il appela sa femme et ses enfants : « Venez, venez voir qui est là ! » Son épouse et ses trois filles arrivèrent en un instant. Elles furent transportées de joie en voyant Amma et ceux qui l'accompagnaient. Ils l'invitèrent dans leur hutte. Amma déclina leur invitation avec beaucoup de politesse et d'amour, disant : « Mes enfants, Amma est déjà en retard. Nous avons marché trop lentement car nous discutions

---

[7] Cigarette indienne bon marché roulée dans une feuille ; la cigarette du pauvre.

de sujets spirituels et entre-temps, nous sommes restés un peu sur la plage, sans bouger. Amma est désolée, elle viendra une autre fois. » Le mari disputa un peu sa femme, trouvant cette invitation déplacée. Il dit : « Qu'est-ce là ? Est-ce une façon d'inviter Ammachi dans notre maison ? Même si ses manières sont d'une grande simplicité, nous devrions l'inviter selon la tradition, et non comme si nous invitions un ami ou un voisin. »

Sa femme, embarrassée, répondit pour se défendre : « Je n'ai aucune éducation et je suis illettrée. J'ignore tout des traditions, Amma le sait et elle me pardonnera sûrement si j'ai commis une faute. »

Amma dit en s'adressant au mari : « Fils, il n'y a pas de problème. L'amour vrai n'a pas besoin d'*acharas* (règles traditionnelles). Son invitation était innocente. L'amour est supérieur à tous les *acharas*. »

Amma se tourna vers la femme et la serra dans ses bras en disant : « Ma fille, ne t'inquiète pas. Amma viendra chez vous quand elle aura le temps mais aujourd'hui, ce n'est pas possible. »

Amma n'oublia pas les trois filles et leur exprima son amour. Elle allait partir quand le dévot s'écria : « Amma, puis-je venir avec toi ? »

Amma répondit : « Oui, bien sûr, fils, tu peux venir. » Il suivit Amma sans même prendre le temps de mettre un *dhoti* propre.

Accompagnée du petit groupe, Amma se remit en route. On entendait le grondement houleux de l'océan ; une brise fraîche soufflait, venant de l'ouest. En marchant, Amma contemplait la vaste étendue marine. Sous le clair de lune, la mer luisait, sombre et bleue.

Comme le pralayagni

Pendant cette marche, on lui posa une autre **question** : « Amma, tu viens de déclarer que la colère d'un *Mahatma* possède la même profondeur que sa patience, son amour et sa compassion. Qu'entends-tu par là ? »

Amma continua un moment à regarder l'océan, avant de répondre :

« Mes enfants, *pralayagni*, le feu de la dissolution, voilà à quoi ressemble la colère d'un *Mahatma*. Elle est aussi implacable que la dissolution finale. Un *Mahatma* est uni à l'infini, son courroux est donc, lui aussi, infini. Vous ne pouvez imaginer sa force. Elle est assez puissante pour détruire le monde entier. C'est comme si on lâchait au même instant d'innombrables bombes nucléaires. Ses flammes peuvent consumer le monde entier.

Quand la Mère de l'univers, l'incarnation de l'amour et de la compassion, qui aime la création entière et en prend soin, se mit en colère, elle devint Kali, et sa rage fut aussi impitoyable que *pralayagni*, le feu de la dissolution. Sans l'intervention des êtres célestes, l'univers entier aurait été réduit à une poignée de cendres.

Lorsque la Mère universelle entre en fureur, c'est comme si des milliards de soleils s'embrasaient au même moment — une vision éblouissante. Qui pourrait supporter cela ? Seul un être dépourvu d'ego, qui s'est complètement abandonné à Dieu. La puissance infinie de la colère de Kali ne peut naître que chez celui qui a transcendé la conscience du corps. En d'autres termes, seule la Conscience sous son aspect pur, immobile, est capable d'y faire face. Le courroux de la Mère universelle est comme une violente tempête de la Conscience. Le seul contrepoids est une énergie parfaitement immobile ; c'est Shiva allongé, prosterné, tandis que Kali, furieuse, danse sur Lui.

La furie de Kali, c'est le *rajas* porté à son point extrême. C'est l'explosion de l'énergie cosmique dans toute sa puissance et sa gloire. C'est comme l'éclatement de cent mille bombes atomiques, pourrait-on dire, mais une telle analogie est encore insuffisante. Seule la pure énergie *sattvique*, i.e. Shiva, peut contrebalancer l'explosion de cette énergie.

Rappelez-vous la colère de Rama, lorsque l'océan refusa de céder à Ses prières. Pour se concilier les faveurs de l'océan et construire un pont jusqu'à Lanka, Sri Rama S'assit sur le rivage et Se livra pendant trois jours à d'intenses austérités. Il s'agissait pour Lui de traverser la mer et d'atteindre l'île de Lanka, la demeure de Ravana, qui avait enlevé Sa divine épouse Sita. Avec l'aide de l'armée des singes, conduite par Hanouman et Sougriva, Il avait l'intention de délivrer Sita. Mais l'océan ne cédait pas. Il continuait à s'élever en vagues gigantesques, plus agité que jamais.

Sri Rama était le Seigneur Lui-même, le Maître de la création. Il n'avait pas à faire preuve d'humilité envers aucune de Ses créatures. Il n'était pas nécessaire pour Lui de Se montrer aussi humble envers l'océan. C'est pour donner l'exemple qu'Il agit avec tant d'humilité. La grande épopée, le Ramayana, raconte néanmoins que l'océan se gonfla d'orgueil, ce qui provoqua chez Rama une terrible colère ; c'est-à-dire que Rama commanda à la fureur de venir. Il saisit Son grand arc, prépara une flèche. Debout, prenant un aspect féroce, Il déclara : « J'ai essayé de me montrer humble et patient pour obéir aux lois établies de la Nature. Mais ne considère pas cela comme une faiblesse de Ma part. De cette seule flèche, Je peux te réduire à sec et détruire toutes les créatures qui vivent dans tes eaux. Dois-Je la décocher, ou vas-tu céder ? » Et l'océan céda, ses vagues s'apaisèrent.

Sri Rama était la patience et le pardon personnifiés. Il avait même pardonné à Kaikeyi, la seconde épouse de Son père, qui s'était montrée extrêmement cruelle envers Lui. Mais lorsqu'Il se mit en colère, Son courroux eut la profondeur de sa patience. Le Ramayana dit que Rama, l'arc bandé, prêt à tirer sur l'océan, ressemblait au dieu de la mort, au feu de la dissolution finale. »

Le sommet de l'existence humaine

Amma reprit : « La réalisation de Soi est le sommet de l'existence humaine. C'est le stade ultime de la concentration absolue. Il n'y a rien au-delà. La profondeur et l'énergie d'une telle concentration sont si perçantes, que c'est indescriptible. Une âme réalisée a utilisé ce pouvoir pour percer les mystères les plus profonds de l'univers, le mystère de *Brahman*. Établi dans cet état de concentration suprême, le *Mahatma* excelle à concentrer son esprit sur un point unique et grâce à cela, il dirige ses énergies où et quand il le veut. Un Maître authentique n'utilise jamais ses pouvoirs dans un but de destruction, il les emploie toujours pour le bien du monde et au bénéfice de la société. Mais n'oubliez pas qu'il peut aussi choisir de donner une leçon à l'ensemble de l'espèce humaine. Un Maître réalisé est uni à l'énergie cosmique, et cette énergie est infinie. Il s'en sert ou bien il la conserve, il en fait ce qu'il veut. Il libère une énergie positive ou négative, à son gré, mais même s'il opte pour une énergie en apparence négative, c'est toujours pour le bien du monde et dans le but d'instruire quelqu'un.

Énergie positive ou négative, elle aura l'effet escompté. Sa puissance est infinie, au-delà des mots. La colère d'un *Mahatma*, comme son amour divin et sa compassion, sont indescriptibles. Il est impossible de sonder la profondeur d'une grande âme. »

Gloire à Toi,
Ô grande Déesse,
Support de toute la création,
Dont les états d'être sont infinis

Toi, dont la danse suprême
Est éternelle.

Gloire à Toi,
Ô Lumière éternelle,
Mère de l'immortelle béatitude,
Qui sans cesse brise le silence
Du cœur de la nuit.

Nous nous prosternons devant Toi
Ô Bhadrakali,
Forme féroce de Devi,
Source de tout ce qui est favorable,
Toi qui imprègnes toute conscience,
Et qui es pleine de compassion.

Tu es Celle qui dissout l'individualité.
Nous nous prosternons devant Toi,
Dont la forme est un triangle[8]
Qui aurait trois yeux ;
Tu portes le trident et une guirlande de crânes.
Ô Bhairavi,
Tu nous accordes la bonne fortune
Et Tu vis dans les lieux de crémation.

Nous nous prosternons devant Toi
Qui ne cesses de croître, Ô Chandika,
Tu es féroce et lumineuse,
Ta force est infinie.
Ton épée, lorsque Tu la brandis,
Produit le son « Jhana, Jhana. »

---

[8] Référence aux triangles du *Sri chakra yantra*.

Nous nous prosternons devant Toi,
Ô Déesse Chandika,
Toi qui rayonnes de lumière.
Tu es Shankari
Et Ta puissance est infinie.
C'est Toi qui accordes tous les yogas
Et l'immortalité.

Ils arrivèrent à vingt-trois heures quinze à la maison du dévot. Toute la famille attendait l'arrivée d'Amma avec impatience et ils exultaient de joie en la voyant. Le chef de famille et son épouse la reçurent avec la traditionnelle *pada puja* (lavement des pieds) et l'*arati* (offrande de la lumière), après quoi ils se prosternèrent tous à ses pieds. Amma exprima son amour et son affection à chacun des membres de la famille, à sa manière habituelle. Ils étaient réellement heureux. Le plus jeune des enfants, un garçon qui avait à peine quatre ans, dansait joyeusement en s'exclamant : « Amma est venue ! Amma est venue chez nous ! » Amma l'appela et le couvrit de baisers. Après quoi, il semblait encore plus joyeux.

La *puja* commença à minuit et se termina à deux heures du matin. Amma sortit ensuite pour aller s'asseoir derrière la maison, face à la mer. Hormis le bruit de l'océan, son hymne éternel, il régnait un silence profond. Sous le clair de lune, Amma, dans son sari blanc, se balançait doucement d'avant en arrière.

Les membres de la famille et le groupe venu de l'ashram sortirent mais restèrent à une certaine distance, d'où ils pouvaient voir Amma. Personne ne désirait s'approcher trop près d'elle, car ils savaient qu'elle était absorbée dans le monde de sa solitude.

La Mère compatissante

Vers deux heures trente du matin, le petit groupe reprit le chemin de l'ashram. On échangea peu de paroles, mais Amma chanta quelques *bhajans*.

Lorsqu'ils approchèrent de la maison du fidèle qui les avait accompagnés, il s'avança pour prendre congé d'Amma. À sa grande surprise, elle se tourna dans la direction de sa maison et dit : « Amma vient avec toi. » La stupéfaction du dévot fut telle, qu'il resta une seconde pétrifié comme une statue. Il était si bouleversé, qu'il criait presque en disant : « Comment ! Tu viens chez moi ! » Il se mit alors à courir vers sa hutte aussi vite qu'il pouvait, tambourina à la porte en appelant sa femme et ses filles. Sous le coup de l'émotion, il ne savait que faire. Il courait çà et là devant sa demeure, criant sans cesse les noms de sa femme et de ses filles. En quelques secondes, elles furent réveillées, étonnées qu'il fasse tant de bruit au beau milieu de la nuit. Sans reprendre son souffle, sa femme le bombarda de questions : « Que t'est-il arrivé ! Pourquoi cries-tu ainsi ? N'es-tu pas allé avec Ammachi ? » Un voisin, réveillé par le tumulte, leur cria de sa terrasse : « Que se passe-t-il, les amis ? Avez-vous besoin de mon aide ? »

À cet instant, Amma entra dans la cour, devant la maison. La femme du dévot resta bouche bée lorsqu'elle vit Amma devant elle, lui souriant. Les enfants furent elles aussi stupéfaites. D'abord incapable de parler, leur mère fondit ensuite en larmes sur l'épaule d'Amma. Son mari était allongé, prosterné, à ses pieds ; il pleurait comme un enfant. Amma le releva et lui mit la tête sur son autre épaule. À travers ses larmes, la dévote parvint à dire : « Est-ce un rêve, Ammachi ? Ô Dieu, quelle *lila* (jeu) est-ce là ! Tu aurais dû me dire que tu viendrais à ton retour. J'aurais tout préparé et je t'aurais attendue ! Maintenant, la maison est vide et je n'ai même pas allumé la lampe à huile ! Ô Amma, pourquoi joues-tu cette *lila* avec nous ? »

Elle pleurait à chaudes larmes. Amma s'efforça de la consoler en disant : « Ma fille, Amma n'est pas une invitée, elle est ta Mère. Il est inutile de faire des préparatifs compliqués pour la recevoir. Ton amour pour elle est plus que suffisant, ne t'inquiète pas. Quoi que tu donnes à Amma, c'est pour elle de l'ambroisie, ne pleure pas ! » Mais la femme innocente ne pouvait contrôler ses larmes. Amma finit par prendre l'initiative et par entrer, en l'entourant de son bras.

C'était une hutte qui comportait deux pièces et une minuscule cuisine. Amma alla aussitôt dans la cuisine, suivie de la dévote, de son mari et de leurs trois filles. Le reste du groupe attendait dehors. Amma chercha dans toute la cuisine, regardant dans les marmites et les casseroles. Pendant ce temps, la femme répétait : « Quel malheur ! Il n'y a rien à manger ! » Amma dénicha enfin une racine de tapioca qui gisait dans un coin. « Ah ! Voilà qui est plus que suffisant ! » dit-elle en la ramassant ; et elle mordit dedans en sortant de la cuisine.

Par bonheur, les dévots qui les avaient reçus auparavant avaient confié à Harshan un sac rempli d'aliments frits préparés pour Amma et son groupe. Amma en prit une partie et nourrit de ses propres mains chacun des membres de la famille. Leur joie et leur gratitude ne connurent plus de bornes. Les larmes aux yeux, la femme se mit à chanter le début d'un *bhajan*, et toute la famille se joignit bientôt à elle.

Ammayalle entammayalle

N'es-Tu pas ma Mère ?
N'es-Tu pas ma Mère chérie,
Qui essuie mes larmes ?

Tu es la Mère des quatorze mondes,
La créatrice de l'univers.
Il y a si longtemps que je T'appelle,
Ô Shakti !
Ne viendras-Tu pas ?

Ô Toi qui aimes exaucer nos désirs,
Toi qui englobes
La création, la préservation et la destruction,
Il y a si longtemps que je T'appelle,
Ô Shakti,
Ne viendras-Tu pas ?

Ô mon Père, Ô ma Mère,
Tu es les cinq éléments,
Et la Terre entière.
Il y a si longtemps que je T'appelle,
Ô Shakti,
Ne viendras-Tu pas ?

Les Védas, les Écritures,
La connaissance véritable, le Védanta,
Le début, le milieu et la fin,
Tout est contenu en Toi.
Il y a si longtemps que je T'appelle,
Ô Shakti,
Ne viendras-Tu pas ?

Amma passa encore quelques minutes avec cette famille, avant de reprendre le chemin de l'ashram.

Chapitre 8

Apprenez à vaincre l'ennui

Un visiteur connu pour sa tendance à poser des questions, demanda à **Amma** : « Amma, les gens qui font quotidiennement le même travail, la même activité, finissent généralement par s'ennuyer et désirent changer de vie ; ils veulent essayer un travail différent, acheter des objets nouveaux,... Mais toi, Amma, tu reçois chaque jour les gens pour leur donner le *darshan*. N'es-tu jamais lasse de ce rythme quotidien, depuis des années ? »

Amma : « Mon fils, les êtres humains se lassent de tout, mais pas Dieu. Dieu ne S'ennuie jamais. Un *Mahatma* est Dieu Lui-même, sous une forme humaine, à jamais établi en *Brahman*, uni à l'Absolu. Le regard qu'il pose sur le monde est toujours rempli d'émerveillement et de fraîcheur. Il en va de même pour toutes ses actions.

Étant la Conscience immanente qui brille en tout et à travers tout, il ignore l'ennui.

L'ennui et la sécheresse sont engendrés par le sentiment de la dualité, l'attitude « moi » et « toi », la croyance d'être une entité séparée. Celui qui est tout, comment pourrait-il connaître la lassitude ? Le fait d'être uni à l'ensemble de l'univers élimine ce genre de sentiments. Lorsqu'on repose dans la plénitude du Soi, l'ennui disparaît automatiquement.

Un *Mahatma* est comme un lac rempli d'eau pure et cristalline, dont le fond est constitué de solides rochers, et d'où jaillit une source éternelle. Le substrat est ferme et immuable, et en même temps, il produit sans arrêt une eau propre et pure. La fontaine est infinie et ne tarira jamais. Abondance éternelle, chacun peut y étancher sa soif.

Un *Mahatma* sait qu'il est *l'atman* indestructible et immuable, *Brahman*, le substrat de l'univers. De cette connaissance il tire sa solidité et son équanimité intérieures. Il est aussi une source intarissable d'amour et de compassion.

Lorsque l'amour pur est la racine même de votre existence, comment pourriez-vous connaître l'ennui ? Lorsque vous n'aimez pas, vous vous ennuyez. Dans l'amour pur, le sentiment de la séparation n'existe pas. L'amour se contente de couler. Quiconque est prêt à sauter et à plonger dans le fleuve de l'amour est accepté tel qu'il est. Le fleuve ne pose aucune condition. Si vous êtes prêt à sauter, il vous accueille. Si vous ne l'êtes pas, que peut-il faire ? Il demeure. Jamais il ne dit non ; il murmure sans arrêt oui, oui, oui...

Dites « Oui » à la vie

Accepter, c'est dire oui à tout. Même si tout va de travers dans votre vie, vous dites « Oui, j'accepte. » La rivière accueille tout. L'ensemble de la Nature dit oui, excepté les êtres humains. Un humain peut accepter ou refuser. Il arrive qu'il dise oui, mais la plupart du temps, il dit non. Il considère la vie non pas comme un don, mais comme un droit, et le bonheur aussi, selon lui, est un dû. Lorsque la vie, avec ce qu'elle vous apporte, vous apparaît comme un don précieux, vous acceptez tout. Si, par contre, vous persistez à la tenir pour un droit, il vous est impossible de dire oui — vous ne pouvez que dire non. C'est là votre erreur. Si vous dites toujours non à la vie, refusant les expériences qu'elle vous apporte, vous serez malheureux et vous vous ennuierez. Mais si vous apprenez à accepter, à voir la vie et chacune des expériences qu'elle vous donne comme un cadeau, l'ennui ne vous gagnera jamais.

Lorsque vous débordez d'amour et de compassion, vous ne refusez rien, vous acceptez. Amma ne sait dire que « oui », jamais elle ne dit « non » ; elle ne s'ennuie donc jamais. Dire « oui », c'est accepter, et ignorer alors l'ennui.

Le mot « non » n'existe que dans le monde de la dualité. Quand vous dites non à la vie, vous êtes malheureux et mécontent. Un rien soulève vos protestations. Vous n'êtes jamais content de vous, jamais satisfait, le sentiment de votre insignifiance vous ronge. Pourquoi donc ? C'est que vous nourrissez sans cesse des désirs. Vous voulez de l'argent, la renommée, une nouvelle maison, une voiture neuve... La liste est sans fin. Vous êtes donc malheureux et la vie vous semble morose. Vos plaintes ne tarissent jamais, jamais vous n'êtes satisfait. Pourquoi ? C'est que vous vous obstinez à dire non. Vous n'acceptez pas, vous êtes incapable d'accueillir ce que la vie vous apporte.

Les gens ne cessent de courir après les objets de ce monde. C'est pourquoi, en dépit de leurs connaissances intellectuelles et de leur éducation, ils sont malheureux et éprouvent le sentiment d'un manque. Même les gens très riches sont malheureux, s'ennuient facilement et sont tourmentés par de nombreux désirs ; ils demeurent insatisfaits, sans trouver la plénitude.

La vie est un don précieux mais nous n'utilisons pas notre discernement pour effectuer le bon choix. Ayant fait le mauvais choix, nous voilà malheureux. Le problème est donc en nous. C'est notre attitude erronée qui engendre le mécontentement et l'ennui. Nous accordons trop d'importance à ce qui n'est que secondaire, laissant de côté ce qui est essentiel et primordial. »

Amma raconta ensuite une histoire pour illustrer ce point.

« Un patient était affligé de deux maux : il souffrait des yeux et avait en outre des problèmes de digestion. Il alla consulter un médecin qui lui donna un remède pour les yeux et un médicament pour le système digestif. Il devait mettre quelques gouttes dans chaque œil et prendre plusieurs cuillerées de sirop pour la digestion. Mais malheureusement, dans son émoi, le malade se trompa. Rentré chez lui, il but les gouttes et se mit du sirop dans les yeux. En conséquence, ses problèmes de vue et de digestion empirèrent.

La même confusion règne dans notre vie. Pour mener une existence remplie de contentement et de béatitude, il nous faut accorder beaucoup plus d'importance à l'âme, à la réalisation du Soi, et beaucoup moins au corps. Mais nous faisons le contraire. Nous mélangeons les deux flacons, et nous trompons de remède. L'énergie, le soin et l'attention que nous devrions consacrer à l'âme, nous les donnons au corps, nous efforçant de l'embellir et de le dorloter. L'âme est laissée à l'abandon et reçoit à peine une goutte de notre attention. Dans notre confusion, nous adoptons une perspective erronée ; le résultat, c'est que nous pensons et agissons de manière négative, ce qui engendre en nous l'ennui et l'insatisfaction.

Un être établi dans le Soi est toujours disposé à donner. Celui qui veut donner sans cesse, sans rien désirer de personne, ignore l'ennui. Amma ne veut que donner. Elle n'a besoin de rien et n'attend rien de personne. Elle se contente d'accepter ce que la vie lui apporte, c'est pourquoi elle ne s'ennuie jamais.

Pour pouvoir donner constamment, le sentiment de séparation doit disparaître. Il faut transcender le sens de la dualité, c'est-à-dire le mental. C'est à cette seule condition que vous pourrez donner réellement, sans éprouver le besoin de prendre ou de recevoir. Un être égoïste et centré sur lui-même s'ennuie.

Lorsque vous vous centrez dans l'*atman*, passant du « moi » au Soi, sans autre centre, vous êtes complètement libéré de l'ennui.

L'amour de Radha pour Sri Krishna et celui de Mira pour son bien-aimé Giridhar sont éternels. Ni l'une ni l'autre n'attendaient rien en retour. Elles donnaient en abondance, vivant dans la béatitude et la plénitude ; jamais elles ne s'ennuyaient. Elles appréciaient et accueillaient de grand cœur ce qui leur advenait, que ce fût agréable ou désagréable. C'est pourquoi elles vivent encore dans les cœurs. Ayant renoncé à tout, elles sont devenues immortelles. La vraie vie ne commence que lorsque l'ego, le mental, meurent. Radha et Mira étaient mortes à leur ego. Mira disait : « Ô mon Giridhar, peu importe que Tu ne m'aimes pas mais Seigneur, ne m'ôte pas le droit de T'aimer. » Telle était sa prière. Mira et Radha étaient totalement désintéressées. Aucun ego, aucune pensée égoïste ne venait entacher la pureté de leur amour.

Quand vous vivez en tant qu'ego, obéissant à votre mental, suivant ses caprices et ses fantaisies, vous n'êtes pas vous-même, vous êtes le mental. C'est une forme de folie. C'est comme si vous étiez mort, parce que vous vivez comme un simple corps-mental, sans avoir conscience d'exister en tant que Soi. Si vous croyez être le corps, vous vivez dans l'illusion. N'est-ce pas folie que de tenir l'irréel pour réel, de recouvrir la réalité d'un voile qui n'en fait pas partie ? Tant que vous vivrez dans le mental, vous serez sujet à l'ennui.

Le fardeau du mental, son bruit incessant, constituent une lourde charge. Son poids est devenu énorme, écrasant. Le malheur, c'est que vous, qui ployez sous le faix, n'en avez pas conscience.

Cherchant l'origine de votre morosité dans les situations extérieures, chez les autres, vous allez de lieu en lieu, accumulant les expériences, et finissez par vous effondrer. Ne désirez-vous pas déposer le fardeau du mental, pour vous sentir libre et en paix ?

« Oui, j'aimerais bien, » répondent la plupart des gens. Mais ils ne veulent pas lâcher ce qu'ils tiennent. Ils ont le sentiment que s'ils lâchent prise, ils seront vulnérables et perdront leur sécurité.

Même un petit enfant éprouve cette sensation. Si un enfant n'est pas en compagnie de son père ou de sa mère, il est très anxieux. Les enfants s'accrochent au sari de leur mère ou à la chemise de leur père. Ils se sentent alors protégés, en sécurité. Mais cela ne dure pas car la source de ce sentiment se transforme. À mesure que l'enfant grandit, sa sensation d'insécurité augmente et il découvre que la présence de ses parents n'est pas la sécurité véritable. Il ressent même leur présence comme un obstacle à sa liberté. Il trouve bientôt quelque chose ou quelqu'un qui lui procure plus de contentement que ses parents, la maison ou la ville dans laquelle il habite. L'insatisfaction et l'ennui vont de pair. On s'ennuie avec ses parents, on souhaite donc les quitter. Notre maison et notre ville n'ont plus de charme à nos yeux, nous désirons donc aller vivre ailleurs. Lassé de notre vieille voiture, nous en voulons une neuve, fatigué de notre petite amie, nous en désirons une autre. Dans cette quête de sécurité et de contentement, on étreint toujours l'insécurité sans jamais trouver le contentement. On se retrouve toujours face à son angoisse et à son insatisfaction.

C'est le mental qui est anxieux. C'est lui la source de l'ennui, des peurs, la cause de tous les problèmes. Débarrassez-vous du mental, au lieu de remplacer un endroit ou un objet par un autre. Libérez-vous du mental et vous deviendrez un être nouveau, dont la vision de la vie est toujours fraîche et neuve. Tant que vous êtes encombré du mental, vous resterez la même personne, en proie à la peur, à l'angoisse, à l'ennui et à l'insatisfaction.

Dans cette vie, la seule véritable sécurité réside dans le Soi (*atman*), c'est-à-dire en Dieu. Et le seul moyen de se libérer de l'ennui est de s'abandonner au Soi, à Dieu, ou à un Maître parfait (*Satguru*). Soyez témoin de tout ce qui arrive. Vous êtes l'éternel *purusha*. Vous êtes *purnam* (la plénitude). Vous êtes le Tout et non un individu limité. Abandonnez vos chagrins, votre ennui et votre insatisfaction. Vivez dans la béatitude et dans la plénitude. »

Personne n'avait envie de parler. Si quelqu'un avait auparavant eu envie de poser une question, l'explication qu'Amma venait de donner, si belle et si lumineuse, la lui avait fait oublier. Amma avait fermé les yeux ; chacun fit instinctivement de même, s'efforçant de méditer, d'absorber et de savourer l'énergie spirituelle tangible dans l'atmosphère.

Lorsqu'ils sortirent de leur méditation, Amma demanda aux *brahmacharis* de chanter :

Sukhamenni tirayunna

Toi qui cherches partout le bonheur,
Comment le trouveras-tu
Sans renoncer à ta vanité ?
Tant que la Mère de l'univers,
Incarnation de la compassion,
Ne brillera pas dans ton cœur,
Comment pourrais-tu être heureux ?

Le mental
Qui ne brûle pas de dévotion envers Shakti,
La Puissance suprême,
Est comme une fleur sans parfum.
Il ne pourra échapper à la souffrance,
Comme la feuille
Ballottée par la houle de l'océan.

Ne laisse pas les serres du destin,
Ce vautour, s'emparer de toi.
Vénère le Soi dans la solitude,
Cesse de désirer les fruits de tes actions,

Adore la forme du Soi universel
Dans la fleur de ton cœur.

Chapitre 9

La Mère incompréhensible

Même les êtres les plus proches d'Amma ont toujours eu le sentiment qu'elle était incompréhensible. Le sentiment personnel de l'auteur, après plusieurs années passées dans l'entourage intime d'Amma, est que cet Être dépasse infiniment sa capacité de compréhension.

Le premier groupe de *brahmacharis* qui vint vivre auprès d'elle se demandait toujours : « Comment est-il possible de comprendre Amma ? Comment connaître ses désirs afin d'agir et de la servir en conséquence ? » La difficulté qu'ils éprouvaient à la comprendre leur causait parfois des ennuis.

En d'innombrables occasions, ils se sont heurtés au mystère de sa nature. En vivant dans l'intimité d'une personne pendant quelques semaines ou peut-être quelques mois, il est facile de comprendre sa nature. Mais au bout de près de vingt ans, la personnalité d'Amma demeure inconnue aux plus anciens des *brahmacharis* et à tous ceux qui l'ont approchée. *Brahmacharini* Gayatri, aujourd'hui Swamini Amritaprana, est à son service depuis bientôt vingt ans. Elle a un jour déclaré : « Qu'est-ce que ce phénomène ? On peut comprendre l'infini, mais pas Amma ! »

Balou et Gayatri se trouvaient un jour dans la chambre d'Amma. Celle-ci témoignait beaucoup d'amour et d'affection envers Balou. Elle lui parla pendant longtemps, éclaircit ses doutes et répondit à ses questions. Elle lui mit même de la nourriture dans la bouche, de ses propres mains. Il ne connaissait plus que l'amour d'Amma, la joie et la béatitude. Mais soudain, Amma se détourna et lui demanda de quitter la pièce. Il n'y avait plus sur son visage aucune trace d'amour. Elle était complètement détachée. Ce changement brutal fut un choc pour Balou qui se trouva plongé dans la confusion. Il crut d'abord qu'Amma jouait avec lui, mais il comprit vite qu'elle était sérieuse. Il voulut demander pourquoi, car il ne comprenait pas ce qui se passait, mais il en fut incapable. La profondeur et la puissance des paroles d'Amma, de l'interdiction qui se lisait sur son visage, étaient telles qu'il n'osa pas. Cette transformation subite de l'humeur (*bhava*) d'Amma était comme un énorme caillou jeté dans les eaux calmes et tranquilles d'un lac. C'était comme si un magnifique château s'effondrait à l'instant même où on l'admirait, appréciant sa beauté.

Balou demeurait muet, pétrifié. Il pouvait à peine bouger quand il entendit la voix d'Amma répéter : « Sors d'ici ! Je veux être seule ! Pourquoi te faut-il tant de temps pour partir ? » Le cœur lourd, brisé de chagrin, Balou s'en alla lentement. À peine avait-il franchi le seuil, qu'Amma claqua la porte. Ce bruit fut comme un coup violent, intolérable, porté au cœur de Balou.

Il avait quitté la pièce, mais il n'eut pas la force de s'éloigner de la porte. Son attachement pour Amma était tel qu'il s'assit devant la porte fermée et pleura comme un enfant abandonné.

Il songeait : « C'est là une mise à l'épreuve de ma patience et de ma foi. Bien sûr, quand Amma nous laisse rester auprès d'elle un moment, on se sent un peu important. L'ego pense : « Je suis sans doute quelqu'un de très spécial, sinon Amma ne me laisserait pas rester auprès d'elle aussi longtemps. C'est à cet instant-là qu'Amma lance sa foudre. Le problème, c'est que le mental ne songe jamais : « Quelle chance j'ai de pouvoir passer autant de temps auprès d'Amma, quelle bénédiction ! » Le mental et l'ego ne peuvent songer que négativement, en termes d'égoïsme et de vanité. L'attaque inattendue d'Amma brise notre fierté. S'il n'y a en nous aucune trace d'orgueil, si nos sentiments sont bons et positifs, si nous nous sentons bénis et pleins de gratitude, nous n'éprouvons ni tristesse, ni chagrin. C'est quand le rôle de l'ego est mis en question que naissent la douleur et la tristesse. Si j'étais dépourvu de vanité, ne songeant pas que je suis un être à part, puisque j'ai le privilège de passer autant de temps auprès d'Amma, ou que j'ai le droit d'être en sa présence, il me serait impossible d'être triste. Là où règne une humilité sans partage, comment la tristesse ou le chagrin pourraient-ils apparaître ? »

Quelques minutes plus tard, il entendit la porte s'ouvrir. Levant la tête, il eut la surprise de voir Amma, le visage éclairé d'un large sourire. Son humeur était redevenue tendre. Comme s'il ne s'était rien passé, elle lui dit : « Entre, mon fils. Mais que t'est-il arrivé ! Pourquoi pleures-tu ? » Balou n'en croyait pas ses oreilles. Il lui fallut quelques instants pour comprendre ce qui se passait. Comme il restait sans bouger, surpris par l'étrangeté de la situation, il entendit Amma répéter : « Entre, mon fils. Que s'est-il passé ? Pourquoi pleures-tu ? » Ces paroles furent au cœur de Balou ce qu'est une ondée bienfaisante à l'oiseau Chataka[9].

Comme la glace fond sous les rayons brûlants du soleil, la douleur de son cœur disparut. Il était si bouleversé par la compassion d'Amma, qu'il éclata de nouveau en sanglots. Mais il ne pouvait s'empêcher de s'étonner intérieurement de l'apparente contradiction dans le comportement d'Amma. Elle lui avait d'abord montré beaucoup d'amour et d'affection puis brusquement, sans aucune raison apparente, elle était devenue complètement

---

[9] On dit que l'oiseau Chataka (le calas) ne boit que les gouttes de pluie tombant du ciel. Il n'accepte aucune autre eau. Lorsqu'il ne pleut pas, l'oiseau Chataka assoiffé souffre.

détachée. Que s'était-il passé ? Il ne comprenait pas. Au bout de quelques minutes, il demanda : « Amma, je suis incapable de te comprendre et d'agir en conséquence. J'en ai beaucoup de peine. Comment puis-je te comprendre ? »

Amma répondit en souriant : « Pour me comprendre, il faut que tu deviennes moi. »

C'est comme si Balou avait demandé comment comprendre l'infini. La réponse était : « À moins que tu ne deviennes l'infini, jamais tu ne comprendras l'infini. »

Cet incident mineur n'est qu'un exemple ; il y eut d'innombrables épisodes similaires.

La maladie d'Amma

Amma se réveilla un matin très malade. Elle était si faible qu'elle ne pouvait même pas se lever. Il se trouvait que c'était dimanche et que des centaines de personnes attendaient son *darshan*. Elle avait, dit-elle, des difficultés à respirer, et tout son corps lui faisait mal. (Ceci arrive parfois lorsqu'Amma prend sur elle les maladies des dévots.) Elle souffrait tant qu'elle se roulait de douleur sur le lit. Mais son petit lit n'étant pas assez large, elle décida de s'allonger par terre. Gayatri et les *brahmacharis,* craignant que le froid du sol n'aggravât son mal, étendirent par terre une épaisse couverture. Mais Amma n'en voulait pas. Gayatri l'enleva donc, puis elle aida Amma à s'allonger. Elle se roulait sur le sol en gémissant, sa souffrance était visible. Les *brahmacharis* décidèrent qu'il n'y aurait ce jour-là ni *darshan*, ni *Devi bhava*. Ils le dirent à Amma, mais elle ne répondit pas. Interprétant son silence comme un consentement, ils mirent un panneau à l'entrée de l'ashram annonçant l'annulation du *darshan*. Un des *brahmacharis* descendit pour annoncer la nouvelle aux dévots qui attendaient Amma dans la hutte réservée au *darshan*. Ils furent tous très déçus.

Il était un peu plus de neuf heures et demie. Amma était toujours allongée sur le sol et son état physique ne montrait pas la moindre amélioration. Tout le monde était inquiet. Gayatri et Damayanti-*amma* massaient les jambes d'Amma, tandis qu'une *brahmacharini* lui appliquait une bouillotte contre la poitrine. Tous les regards étaient fixés sur elle. D'un bond, Amma se leva soudain et demanda : « Quelle heure est-il ? » Tous, étonnés, l'interrogèrent en chœur : « Pourquoi, Amma ? Pourquoi veux-tu savoir l'heure ? »

« Pourquoi demandez-vous ? » dit Amma, comme s'il ne s'était rien passé, comme si elle n'avait jamais été malade. « Ignorez-vous que c'est aujourd'hui dimanche ? Les dévots doivent attendre en bas pour le *darshan*. Quelle heure est-il ? » demanda-t-elle une fois de plus. Elle se tourna pour regarder la pendule et lorsqu'elle vit l'heure, elle s'exclama : « Shivane ! Il est presque neuf heures quarante-cinq ! » Et elle était déjà debout. Nealou protesta en disant : « Mais Amma, nous avons déjà annoncé qu'il n'y aurait pas de *darshan* aujourd'hui, les visiteurs sont déjà au courant. Ils se préparent lentement à partir. Amma, tu es très malade, tu dois te reposer une journée. » Amma lança à Nealou un regard sévère et dit : « Que dis-tu ? Avez-vous annoncé qu'il n'y aurait pas de *darshan* aujourd'hui ? Avez-vous vraiment dit cela aux dévots ? Et qui t'a dit qu'Amma était malade ? Amma n'est pas malade ! Renvoyer ses enfants, elle n'a jamais fait une chose pareille ! Amma est surprise de voir qu'après avoir passé autant de temps auprès d'elle, tu es encore complètement dépourvu de compassion. Comment as-tu pu seulement songer à renvoyer les dévots ? » Elle envoya aussitôt Païer informer les fidèles que le *darshan* aurait lieu comme à l'ordinaire. Ravis, ils retournèrent en hâte prendre place dans la hutte.

Amma semblait à présent bien portante, on ne pouvait déceler en elle le moindre signe de souffrance ou de maladie. Elle dit aux *brahmacharis* : « Vous ne comprenez pas les sentiments des dévots. Certains d'entre eux ont attendu longtemps, avec impatience, cette possibilité de revoir Amma. Beaucoup ont dû emprunter de l'argent, ou vendre boucles d'oreilles ou anneau de nez pour pouvoir venir voir Amma. Nombreux sont ceux qui économisent à grand peine dix paisas par jour sur leur maigre revenu pour payer le trajet en bus et venir à l'ashram une fois par mois. Il vous est facile de les renvoyer en disant qu'il n'y aura pas de *darshan* aujourd'hui. Mais songez à leur douleur, s'ils ne peuvent pas voir Amma. Pensez aux difficultés qu'ils ont dû surmonter pour venir ici. Imaginez leur déception. La plupart des dévots ne prennent aucune décision importante sans en parler à Amma. Certains ont peut-être besoin d'une réponse aujourd'hui. Il n'est pas toujours possible de repousser une décision ou une action. Comme il vous a été facile de décider promptement qu'il n'y aurait pas de *darshan* aujourd'hui ! Mes enfants, efforcez-vous de comprendre les problèmes des autres et de partager leur chagrin. »

Nealou, inquiet, remarqua : « Que vont penser les gens ? Ils croiront que nous, les *brahmacharis*, nous avons pris l'initiative d'annuler le *darshan*. »

Amma lui lança de nouveau un regard sévère, en disant : « Nealou, tu te soucies encore de ce que les gens pensent de toi ? Excellent ! Tu as donc peur des autres et de leurs mauvais sentiments à ton égard. Ce qui s'est produit était la volonté d'Amma — ne peux-tu envisager les choses de cette façon ? Est-ce le sentiment qu'un disciple doit éprouver envers son Maître ? C'est l'ego qui, désireux d'une bonne image, s'inquiète de ce que les gens pensent de toi. Tu ne veux pas qu'ils te rejettent ou te critiquent. Cela te préoccupe beaucoup plus que la santé d'Amma. Celui qui s'est abandonné à Dieu ou au Maître n'a jamais de telles pensées. Lorsqu'on s'abandonne, on ne songe plus à soi-même ou à ce que les autres pensent de vous. Tu dois apprendre à abandonner ton ego. »

Dès qu'Amma eut fini de parler, Gayatri demanda à tous de sortir afin qu'Amma puisse se préparer pour le *darshan*.

Un étranger pour guérir le mental

Vingt minutes plus tard, Amma descendit dans la hutte et se mit à recevoir les dévots. Elle semblait joyeuse, enthousiaste, et en parfaite santé.

Les *brahmacharis* demandèrent un jour à Amma comment ils devaient comprendre ses humeurs surprenantes et pourquoi elle agissait parfois de façon aussi étrange.

Elle répondit : « C'est votre mental étrange et bruyant qui considère qu'Amma agit de manière curieuse. Vous avez des idées préconçues sur la manière de se comporter, voilà pourquoi vous éprouvez ce sentiment d'étrangeté. Vous avez tiré de la vie et de votre éducation des concepts et des habitudes. Vous croyez que certains comportements sont étranges et d'autres normaux. Il ne s'agit là que de vos concepts, de vos convictions personnelles. Vous voulez qu'Amma parle et agisse en se conformant à vos habitudes mentales.

Vous avez peut-être au sujet de la vie des idées que vous considérez comme justes, mais elles sont forcément différentes de celles des autres. Chacun nourrit ses propres idées, ses pensées, ses sentiments, convaincu qu'il a raison et que les autres ont tort. Tout le monde fonctionne ainsi. Chaque mental a créé ses concepts personnels et attend d'Amma qu'elle rentre dans ce cadre.

Il est vrai qu'Amma s'efforce de plaire aux dévots qui viennent à elle pour trouver un soulagement à leurs chagrins, à leur souffrance et à leur peur. Vous avez dû observer la manière dont elle se comporte envers eux pour les mettre à l'aise, afin qu'ils puissent s'ouvrir en sa présence. Plus ils s'ouvrent, plus Amma peut travailler sur eux. Elle sacrifierait volontiers sa vie entière pour apporter le bonheur aux gens. Mais elle ne pense pas devoir vous traiter de la même façon car vous avez voué votre vie à la connaissance de Dieu. Votre mental doit être baratté sans relâche, afin de devenir de la plus grande transparence — si cristallin que vous pourrez percevoir votre existence réelle, l'*atman*. Bref, vous devez vous libérer du mental. Mais ce n'est pas facile. Il ne disparaît pas d'un coup de baguette magique. C'est la chaleur produite par les austérités qui le dissout ; cette chaleur est engendrée par la discipline du Maître, conjuguée à votre amour et à votre attachement pour lui.

Votre mental et votre intellect ne peuvent appréhender le Maître, c'est pourquoi vous qualifiez sa nature d'étrange et de contradictoire. Mais ce jugement ne relève que du mental, comprenez-le.

Dans la chaleur produite par les austérités (*tapas*), le mental, avec ses jugements et ses préoccupations, se dissout peu à peu, et vous fonctionnez alors à partir du cœur. Ce processus requiert de la part du disciple une immense patience.

Un Maître authentique sacrifie sa vie entière pour élever la conscience de ses disciples, de ses dévots et de la société. Mais un certain engagement de leur part est également nécessaire. Soyez patient et vous recevrez tout du *Satguru*.

N'essayez pas de le juger avec votre intellect. La compréhension à laquelle vous pourriez parvenir ainsi serait à coup sûr totalement erronée. Comme vous êtes centré dans le mental et que vos tendances et vos habitudes ont une grande force, vous vous obstinez à essayer de résoudre le mystère des humeurs étranges du Maître par la logique et le raisonnement. Mais vos tentatives sont vouées à l'échec, jusqu'à ce qu'il vous soit enfin révélé que le mental et l'intellect ne sont pas des instruments adéquats pour comprendre le *Satguru*. La foi vous apparaîtra alors comme la seule voie. L'abandon de soi et l'innocence de l'enfant, seuls, permettent de le connaître.

Vos efforts pour appréhender le Maître grâce à l'intellect épuisent le mental. La nature d'un *Satguru* étant infinie, vous vous rendez compte de la vanité de vos tentatives et vous devenez réceptif. Ce processus implique des austérités (*tapas*) ; l'amour et l'attachement que vous éprouvez pour la forme extérieure du Maître font jaillir la chaleur de *tapas*.

Le Maître vous semble peut-être singulier, mais c'est seulement l'opinion de votre mental. C'est votre identification à ce dernier qui fait naître en vous le sentiment de l'étrangeté. À mesure que vous vous abandonnez à la discipline du Maître, avec au cœur un amour ardent, vous découvrez que c'est votre mental qui est bizarre, et non le *Satguru*.

Le mental vient de l'extérieur. Il est étranger à votre demeure véritable — le Soi. Le mental, élément parasite, crée une irritation qui vous démange. La démangeaison, ce sont les désirs. C'est comme le besoin de gratter une plaie : cela vous soulage un moment, alors vous recommencez jusqu'à ce qu'elle devienne rouge et s'infecte, ce qui ne fait qu'accroître la douleur.

Le mental vous démange quand il est rempli de désirs et d'émotions. Vous ne cessez de gratter et votre vie entière finit par devenir une large plaie infectée. Pour qu'elle guérisse, il faut en extirper le pus. C'est le devoir d'Amma de soigner la blessure et de faire sortir le pus. C'est ainsi qu'elle exprime sa compassion envers vous, mais vous qualifiez cela d'étrange. Amma ne s'inquiète toutefois pas de votre réaction, qui provient d'un manque de compréhension. Vous trouveriez normal qu'elle soulage la blessure et vous permette de continuer à gratter. Vous avez le choix. Si vous désirez seulement être soulagé et non guéri, pas de problème ; mais vous souffrirez plus tard.

Imaginez que vous alliez consulter un médecin pour qu'il soigne une blessure et qu'il vous fasse une piqûre dont l'effet augmente la douleur. La plaie se remplit de pus et votre souffrance devient atroce. Vous demandez au docteur : « Comment se fait-il que je souffre tant alors que vous m'avez administré un remède ? »

Le docteur répond en souriant : « Ne vous inquiétez pas. Le but de la piqûre est de faire sortir le pus, qui doit être éliminé. » Il semble satisfait de votre état ; il sait en effet que ces symptômes sont de bon augure et que le traitement agit. Il vous paraît cependant curieux que le médecin soit satisfait. Il n'est pas responsable de votre ignorance et vous ne pouvez l'en blâmer. Il sait ce qu'il fait, et son devoir est d'agir au mieux pour votre santé. Ne le jugez pas. Il est probable que votre jugement serait erroné car vous n'y connaissez rien. Il est en train de guérir la blessure mais la douleur fait partie du processus, elle est inévitable. La souffrance que vous éprouvez à présent a pour but de supprimer toute douleur. Si vous n'êtes pas vous-même médecin et que vous ignorez tout des traitements médicaux, vos concepts sur la manière de soigner telle ou telle maladie n'appartiennent qu'à vous et à votre mental.

Un Maître agit comme un médecin. Votre sentiment de confusion, la douleur que vous éprouvez, sont dus au remède spirituel qu'il vous a administré pour extirper le pus des blessures du passé.

Les coupures et les blessures externes ne constituent pas un gros problème. Elles guérissent vite, à condition d'être soignées correctement. Mais les blessures internes sont beaucoup plus sérieuses. Elles peuvent ruiner votre vie entière parce que vous n'en êtes pas conscient et ne savez rien d'elles. Un médecin ordinaire ignore comment les soigner. Il s'agit de blessures profondes, fort anciennes, qui nécessitent l'intervention d'un docteur omniscient et divin. Un Maître est absolument indispensable, quelqu'un qui soit capable de voir toutes vos vies antérieures et sache comment soigner et guérir vos blessures intérieures. »

Question : « Amma, tu as comparé le mental à un élément extérieur. En quoi est-il étranger ? Pourrais-tu s'il te plaît développer ce point ? »

Amma : « Quand un élément étranger pénètre dans notre vie, nous le rejetons sans merci. Si nous avons par exemple un grain de poussière dans l'œil, nous nous efforçons de le déloger. Pourquoi ? C'est qu'il ne fait pas partie de l'œil et ne nous appartient pas. Que dire de la maladie ? Un simple mal de tête ou de ventre sont des intrus que nous désirons éliminer. Le corps les rejette, car ils sont extérieurs à notre nature. Le mental est lui aussi un parasite, complètement étranger, dont nous devons nous débarrasser.

Chacun de nous recherche le bonheur et la paix. Tout le monde est d'accord là-dessus. Mais pour trouver la paix et la joie véritables, il faut transcender le mental et ses désirs. C'est lui la cause du chagrin et des démangeaisons. On peut le comparer à une plaie. Chaque fois qu'un désir surgit dans le mental, cette plaie vous démange. Satisfaire votre envie revient à gratter la blessure, qui cesse un moment de vous démanger. Mais vous ne vous rendez pas compte qu'en cédant à vos désirs, vous rendez la blessure plus profonde. Elle s'infecte de plus en plus. Le mental formule sans arrêt des exigences et des souhaits que vous continuez à exaucer. Cela revient à gratter sans cesse la plaie, qui ne fait que s'agrandir.

Si vous frottez avec force la poussière que vous avez dans l'œil, au lieu de l'ôter, cela ne fera qu'accroître l'irritation et la douleur. Enlevez-la et vous serez remis. Le mental est comparable à un grain de poussière dans l'œil, c'est un intrus. Apprenez à vous en libérer. C'est la seule voie qui mène à la perfection et au bonheur.

La joie et la paix sont les buts de tout être humain mais la plupart d'entre eux se fourvoient. Presque tous savent que la paix et le bonheur qu'ils goûtent ne sont pas authentiques. Ils ont le sentiment d'un manque, qu'ils s'efforcent de combler en accumulant possessions et richesses. Mais le véritable problème réside dans le mental. C'est un parasite dont il faut se débarrasser. Mais qui a le pouvoir de l'éliminer ? Seul un être étranger au mental peut triompher de lui. Le Maître est cet Étranger. Le *Mahatma*, le Maître parfait, semble peut-être une énigme indéchiffrable à votre mental, mais il le connaît à fond ainsi que son fonctionnement bizarre. Il est le Maître de chaque mental, mais pour votre mental, il apparaît en vérité comme un phénomène bien insolite.

Tant que le mental subsiste, le comportement d'un *Mahatma* vous semble curieux. Quand vous commencerez peu à peu à le contrôler, à contrôler vos pensées, vous découvrirez que le *Mahatma* n'a jamais rien eu d'étrange : seul votre mental l'était.

Amma répète que celui-ci a besoin d'un bon barattage. Seul un certain étranger aux humeurs inexplicables connaît l'art et la manière de le baratter. Vous êtes habitué aux gens ordinaires et à leurs humeurs, et il arrive qu'eux aussi barattent votre mental, mais de manière superficielle et insuffisante. L'effet du véritable barattage doit se faire sentir jusqu'au tréfonds de votre mental, sinon il ne sera pas purifié. Aucun individu ordinaire ne peut accomplir cette tâche car aucun ne connaît l'étrangeté de votre mental aussi bien que le Maître. Un Maître authentique est au-delà des sens et du mental. C'est pourquoi vous le qualifiez d'étrange. Mais seul un être singulier, ayant transcendé le mental et les sens, peut effectuer ce barattage de manière efficace et vous aider à éliminer le mental et ses sentiments bizarres. Cet être étrange est le Maître — le *Satguru*. Le *Satguru*, par son amour et sa compassion, attire le disciple à lui, puis, au moyen de son comportement et de ses humeurs en apparence insolites, le barattage commence.

Mes enfants, il existe en malayalam un proverbe qui dit : « Attrape le poisson après avoir agité l'eau. » Si vous créez des remous dans une mare, les poissons qui y vivent émergent de la boue, de leur cachette. Ils entendent ce bruit effrayant et sortent en toute hâte. Cela revient à un barattage complet de la mare. Une fois que les poissons sont sortis de leur cachette, le pêcheur lance son filet et les capture. Ainsi, le Maître, par ses voies insolites et incompréhensibles, crée des remous dans le mental. Cette agitation fait venir à la surface les *vasanas* (tendances) qui gisent profondément enfouies en nous. Pour que nous en prenions conscience et nous en libérions, il est nécessaire qu'elles se manifestent. Les manières singulières du Maître n'ont qu'un seul but : attraper le mental. Les remous créés par le *Satguru* visent à vous faire voir la masse d'émotions et de sentiments négatifs que vous portez en vous. Lorsque vous vous rendez compte de l'énorme poids que constitue votre fardeau de négativité, vous éprouvez le désir sincère d'en être délivré. Cela vous permet de coopérer avec le Maître car vous connaissez alors l'origine de vos démangeaisons et la profondeur de la plaie. Vous ne voulez plus porter cette charge, vous souhaitez la déposer pour être parfaitement heureux et détendu. Une fois que vous aurez pris conscience de la négativité, il sera facile de l'éliminer. Sachant que le mental est la cause réelle de vos chagrins et de votre souffrance, vous serez capable d'y renoncer, par la grâce du Maître.

Chapitre 10

Un excellent rappel

Un *brahmachari* désirait quitter l'ashram pour se retirer quelques mois dans la solitude. Il essayait depuis quelque temps d'obtenir la permission d'Amma, mais elle lui avait dit : « Pourquoi veux-tu partir ? Cela te fera-t-il un bien quelconque ? Amma ne croit pas que tu retireras le moindre bienfait d'une retraite hors de l'ashram. Si ton but est de réaliser le Soi, c'est ici l'endroit le plus favorable. Mais si tu veux suivre tes *vasanas*, très bien, vas-y. Le problème, c'est ton mental. Tant que tu emportes ton mental avec toi partout où tu vas, tu n'obtiendras rien. Changer de lieu et de situation n'y fera rien : à moins que tu ne parviennes à arrêter le bruit incessant de ton mental, tu resteras indéfiniment « le vieil homme », pourvu des mêmes habitudes et des mêmes tendances qu'autrefois. Tant que tu n'auras pas réduit ton mental au silence, tu ne parviendras pas à réaliser le Soi. Tu as besoin non pas d'un autre lieu ni d'une autre situation, mais d'un être parvenu au silence intérieur. Lui seul peut t'aider à prendre conscience de ton véritable problème et à en sortir, aider ton mental à devenir tranquille et silencieux. »

Le *brahmachari* décida néanmoins de partir. Il quitta l'ashram un beau matin en laissant une lettre pour Amma qui disait : « Pardonne-moi de désobéir. Mon désir de solitude est si fort que je ne peux y résister. Il me faut partir. Ô toi qui es pleine de compassion, je t'en prie, accepte-moi comme ton fils et ton disciple à mon retour. »

Mais le *brahmachari*, qui voulait passer au moins trois mois dans la solitude, rentra le jour même à l'ashram. Il raconta plus tard cet incident très intéressant, qui le força à abandonner l'idée de quitter l'ashram.

Espérant attraper le premier bus pour Kayamkoulam, il prit un bateau pour traverser la lagune et s'apprêtait à marcher jusqu'à l'arrêt du bus, quand tout à coup surgit devant lui une demi-douzaine de chiens qui lui barrèrent le passage. Pensant qu'ils étaient inoffensifs, il décida de les ignorer et tenta d'avancer. Dès qu'il esquissa un pas, les chiens se mirent à aboyer, l'air féroce. Il ramassa alors un bâton qui gisait non loin de là, avec l'intention de leur faire peur et de les effrayer. Mais ce geste déchaîna leur colère et leurs aboiements devinrent furieux. Certains des chiens approchèrent de façon menaçante. Il avait eu l'intention de les effrayer mais c'était lui qui avait peur, si bien qu'il lâcha le bâton. Aussitôt, les chiens cessèrent d'aboyer et se tinrent tranquilles, mais ils n'étaient pas prêts à abandonner. Sans bouger d'un pouce, ils continuaient à lui barrer le chemin. Le *brahmachari* fit une seconde, puis une troisième tentative pour rejoindre l'arrêt du bus, mais dès qu'il voulait faire un pas en avant, les chiens se remettaient à aboyer, lui interdisant toujours de passer.

Il entra alors dans une telle colère qu'il fit vers eux quelques pas menaçants. À ce moment-là, l'un des chiens se jeta sur lui, et en un éclair, lui mordit le mollet droit. La blessure n'était pas profonde mais sa jambe saignait. Le *brahmachari* reçut un choc et cela lui ouvrit les yeux. Il songea : « C'est sans doute la *lila* d'Amma, puisqu'elle ne veut pas que je parte. Je tente de lui désobéir, mais si telle n'est pas sa volonté cela ne peut pas réussir. Comment expliquer, sinon, l'étrange comportement de ces chiens ? »

Avec ces pensées en tête et quelque peu consolé, il rentra à l'ashram.

Il voulait garder l'incident secret et décida qu'il en parlerait plus tard à Amma, quand il en aurait l'occasion. Mais à son grand étonnement, elle lui dit le lendemain matin : « Les chiens t'ont donné une bonne leçon, n'est-ce pas ? » Elle rit et ajouta : « Fils, que cette morsure soit une juste punition pour ta désobéissance. » L'incident fut bientôt divulgué et pendant deux jours, le *brahmachari*, avec son bandage sur la jambe, fut la risée de tous, où qu'il aille dans l'ashram. Les autres résidents le taquinèrent sans pitié. Regardant son pansement, Amma rit en disant : « Que ceci te serve de rappel. » Le *brahmachari* était plein de remords. Il versa des larmes en abondance, implorant Amma de lui pardonner.

Plus tard, il voulut savoir comment cela avait pu se produire. Il demanda à **Amma** : « Pourquoi les chiens se sont-ils comportés d'une manière aussi étrange ? C'est bien ta volonté qui s'exprimait à travers eux, n'est-ce pas ? Mais un tel phénomène est-il possible ? »

La nature omniprésente d'un Maître

Amma répliqua : « Mon fils, n'as-tu jamais entendu raconter comment la nature entière répondit au grand sage Védavyasa, lorsque celui-ci appela son fils, Souka, en lui demandant de revenir ? Jeune garçon, Souka était déjà détaché du monde. Védavyasa voulait qu'il se marie et mène la vie normale d'un chef de famille. Mais Souka, enfant divin, était fortement attiré par une vie de renoncement. Il partit donc un jour, abandonnant tout, pour devenir *sannyasi*. Pendant qu'il s'éloignait, Védavyasa l'appela. Ce fut la nature qui répondit : les arbres, les plantes, les montagnes, les vallées, les animaux et les oiseaux. Mais qu'est-ce que cela signifie en réalité ?

Un être uni à la conscience suprême ne fait qu'un avec l'ensemble de la création. Il n'est plus limité au corps. Il est la force de vie qui brille dans et au travers de chaque objet manifesté. Il est cette Conscience qui donne beauté et vitalité à toute chose, le Soi immanent à tout objet. Tel est le sens de cette histoire.

Lorsque Védavyasa appela son fils, la nature répondit parce que Souka était cette pure Conscience, immanente à l'ensemble de la création. Védavyasa appela Souka, mais celui-ci n'était pas le corps et n'avait ni nom ni forme. Il avait transcendé le nom et la forme. Présent en chaque être, le corps de chaque créature était le sien. Il était en tous, et tous répondirent donc à Védavyasa.

Tu n'as vu que les corps des chiens. Mais qu'y avait-il à l'intérieur ? En chaque corps réside l'*atman*. Tu peux nommer ce que tu vois un chien, parce que cela a le corps d'un chien. Mais lorsque tu auras réalisé la vérité, tu verras que le chien et tout ce qui existe dans la création est imprégné de l'*atman*. Un *Mahatma* a pouvoir sur tous les objets, sensibles ou non. Tout lui appartient et il contrôle tout. Rien ne lui est impossible, même une planche de bois lui obéit. Que ne saurait-il exiger d'un chien, qui est beaucoup plus intelligent ! Le *Mahatma* peut agir par le soleil, la lune, l'océan, les montagnes, les arbres et les animaux. Il peut s'exprimer au travers de l'univers entier. Il n'a qu'à en donner l'ordre. Un mot, un regard, une pensée ou un attouchement suffisent pour qu'un objet quel qu'il soit lui obéisse.

As-tu entendu raconter comment Sri Krishna lança un troupeau de vaches contre un puissant démon venu dérober le bétail ? Pour tourner les vaches contre cet ennemi, il Lui a suffi de jouer de la flûte. Ce *rakshasa* était un serviteur de Kamsa, le méchant oncle de Krishna. Kamsa avait essayé bien des méthodes pour tuer Krishna, envoyant l'un après l'autre ses fidèles démons accomplir cette tâche mais toutes ses tentatives échouèrent. Kamsa ne songeait qu'à se venger de ces échecs répétés. Il convoqua un jour un de ses démons et lui ordonna de tuer les vaches appartenant à Krishna et à Ses amis.

Chaque matin, Krishna et les jeunes bouviers emmenaient paître le troupeau. Les prairies se trouvaient loin de Gokoul, le village où vivaient Krishna et ses amis. Le démon apparut un jour pendant que les vaches broutaient joyeusement dans la forêt. Son plan était de les emmener d'abord dans un lieu où il pourrait ensuite utiliser ses pouvoirs pour les tuer. La forme hideuse du démon suffit à les effrayer. Prises de frénésie, elles couraient dans toutes les directions. Le *rakshasa* parvint à rassembler le troupeau et à le conduire dans la direction qu'il désirait. Les amis de Krishna, les petits pâtres de Vrindavan, coururent vers Lui. Ils étaient terrifiés. Lorsqu'ils Lui rapportèrent ce qui s'était passé, Sri Krishna sourit, prit Sa flûte et Se mit à jouer un air superbe et enchanteur. Il n'en fallut pas plus. Dès qu'elles entendirent la flûte mélodieuse, les vaches, qui avaient jusque-là couru dans la direction dans laquelle le démon les chassait, se retournèrent et se mirent à le poursuivre. Il y avait des centaines de vaches et les pouvoirs magiques du démon n'avaient plus d'effet sur elles. Il finit donc par prendre la fuite.

Jnaneshvar, le saint, déplaça un mur et fit chanter les Védas à un bœuf.

La maîtrise du mental s'étend à la création entière et n'est pas limitée au contrôle de notre propre mental ; elle inclut chaque mental, qui est à vos ordres. Vous êtes le Tout, et non une partie. Une fois que vous saisissez cela, vous ne vous sentez plus séparé de rien. »

Prenez refuge aux Pieds d'un Être parfait

Amma commenta ensuite l'épisode du *brahmachari* qui avait essayé de partir : « Dans le monde entier, les gens courent çà et là en quête de spiritualité et de réalisation du Soi. Ils souhaitent trouver un lieu paisible et solitaire, une grotte ou une forêt, un endroit montagneux au bord d'une rivière. Ils devraient d'abord apprendre la patience et s'installer quelque part, mais pas dans quelque endroit de leur prédilection ; qu'ils restent aux pieds d'un être capable de leur faire voir que l'origine de leurs problèmes ne se trouve pas à l'extérieur d'eux-mêmes, mais à l'intérieur, capable de les prendre par la main et de les mener au but, capable de leur faire sentir qu'ils ne sont pas seuls, car leur Maître, doté d'un pouvoir spirituel infini, sera toujours là pour les aider et les guider.

Ce n'est pas une voie facile et elle implique de la souffrance. Mais il ne faudrait pas que le chercheur ressente une douleur trop grande, car il pourrait sinon se détourner du chemin ou être tenté de s'enfuir. Les élèves compétents sont de nos jours difficiles à trouver. Ils existaient dans des temps reculés, lorsque la vérité et la foi dominaient dans la société. Leur désir d'atteindre le but était si fort qu'ils supportaient aisément la stricte discipline du Maître. Leur confiance et leur soumission étaient complets. Mais les choses ont changé, la foi et l'abandon de soi ne sont plus que des mots. Parler toujours plus et en faire le moins possible, telle est la politique de l'époque moderne. Les tendances (*vasanas*) du mental ont plus de force qu'autrefois. Nul ne veut se soumettre à une discipline, tous souhaitent garder leur ego, qui leur est si précieux. Les gens ne le considèrent plus comme un fardeau mais comme un ornement. Ils n'en sentent pas le poids. Ils sont à l'aise à l'intérieur de sa petite coquille si dure et ont peur d'en sortir, cela les angoisse. Ils se croient bien à l'abri et ce qui est au-delà de la coquille les effraie ; c'est l'inconnu, et c'est donc dangereux. Ils imaginent que ce qui dépasse leur ego n'est pas pour eux. C'est destiné uniquement à ceux « qui ne sont pas capables de faire autre chose dans la vie. »

Il faut du courage pour s'abandonner

S'abandonner à un Maître n'est pas chose facile. Cela exige du courage, comme pour sauter dans une rivière. Le Maître est cette rivière. Une fois que vous avez plongé, le courant vous emporte inexorablement vers la mer. Vous ne pouvez y échapper. Même si vous vous débattez en vous efforçant de nager à contre-courant, la force de la rivière est telle qu'elle vous mènera forcément à l'océan — à Dieu, au Soi — à votre véritable demeure. Sauter, c'est s'abandonner, ce que l'on peut comparer à la mort du corps et du mental ; cela implique un mental courageux.

Il se peut que vous ne fassiez pas le saut maintenant, parce que vous n'êtes pas prêt à plonger dans les eaux profondes. Pour l'instant, vous préférez rester sur la rive et en goûter la beauté, savourant la douceur et la fraîcheur de la brise, le murmure de l'eau qui court, la force et le charme de la rivière. Il n'y a rien de mal à cela. Le cours d'eau ne va pas vous forcer à sauter et vous pouvez rester sur la berge aussi longtemps que vous le désirez sans qu'il vous renvoie. Il ne dira jamais : « Suffit ! Va-t-en ! Il y a une longue liste d'attente. » Il ne dira pas non plus : « Bon, il est temps maintenant. Décide-toi à plonger ou bien je vais t'y forcer. » Rien de la sorte ne se produira. Cela dépend entièrement de vous. Vous êtes libre de plonger ou de rester sur la rive. La rivière est là, voilà tout, toujours prête à vous accueillir et à vous nettoyer.

Le fleuve du Maître n'a pas d'ego. Il ne songe pas : « Je coule, je suis puissant et beau, j'ai le pouvoir de t'emporter vers l'océan, en réalité, je suis l'océan. Vois combien de gens se baignent en moi, nagent et trouvent en moi leur bonheur ! » Non, le fleuve du Maître n'éprouve aucun sentiment de ce genre. Il se contente de couler parce que telle est sa nature.

Mais une fois que vous avez plongé, le courant est tel que vous devenez presque comme un corps sans vie. Vous vous retrouvez impuissant, sans autre choix que celui de rester tranquille et de laisser la rivière vous porter où bon lui semble. Vous êtes libre de choisir : rester sur la berge ou sauter. Cependant, une fois le saut accompli, vous n'avez plus le choix. Vous perdez votre individualité, vous abandonnez l'ego. Vous disparaissez alors pour découvrir que vous flottez dans la pure Conscience.

Libre à vous, donc, de demeurer sur la rive. Mais pour combien de temps ? Tôt ou tard, il vous faudra soit retrouver le monde, soit plonger. Même si vous retournez dans le monde, la beauté et le charme de la rivière sont si enchanteurs et si tentants que vous reviendrez. Un jour viendra où vous serez tenté de faire le saut final. Et vous finirez par plonger — c'est inéluctable.

Tant que vous restez sur la rive, vous serez peut-être inspiré par la rivière, chantant ses louanges, décrivant sa beauté ; vous aurez des opinions à son sujet et d'innombrables histoires à raconter, sans oublier le récit de ses origines. Mais vous prononcez ces paroles sans avoir plongé une seule fois dans ses eaux. Et tant que vous n'y êtes pas entré, vos hymnes et vos louanges n'ont aucune valeur. Lorsque vous aurez enfin plongé, lorsque vous vous serez abandonné à la rivière de l'existence — au Maître parfait — vous garderez le silence. Vous n'aurez plus rien à dire.

L'abandon de soi rend silencieux. Il détruit l'ego et vous aide à percevoir votre néant et l'omniscience de Dieu. Sachant que vous n'êtes rien, que vous êtes complètement ignorant, vous n'avez plus rien à dire. Il ne vous reste qu'une foi inconditionnelle et entière. Vous n'avez plus qu'à vous prosterner bien bas dans une totale humilité. Pour obtenir la Connaissance, il faut être humble. L'ego et la Connaissance sont incompatibles. L'humilité est le signe de la Connaissance véritable.

Certaines personnes ont des talents d'orateur. Elles sont le plus souvent dotées d'un ego important. Il y a des exceptions, mais leur tendance générale est de beaucoup parler et d'agir peu.

Pourquoi ? C'est qu'elles ne se sont pas abandonnées à une réalité supérieure, aux valeurs supérieures de la vie. Elles n'ont pas vraiment accepté la nature toute-puissante de Dieu et n'ont pas conscience de leur propre néant, même s'il peut leur arriver d'en parler. Elles font peut-être beaucoup de bien en ce monde, mais elles font aussi beaucoup de mal.

Amma ne veut pas généraliser. Tout le monde n'est pas ainsi. Il y a parmi ces personnes des êtres qui se sont abandonnés à Dieu, mais ils sont peu nombreux et se comptent sur les doigts des deux mains. La tendance générale est de se montrer aussi égocentrique que possible.

L'ego tue votre être réel

Le plus grave problème dans le monde de la politique et des affaires est la rudesse de la compétition. Au sein des partis politiques ou entre compagnies rivales, chacun tire la couverture à soi et s'efforce d'établir sa suprématie sur les autres. Dans une telle situation, vous êtes obligé de vous montrer agressif envers vos rivaux. Vous voulez les dominer, il faut donc leur montrer que vous comptez. Vous êtes prêt à tout pour parvenir à vos fins, peu importe si les méthodes employées sont inhumaines. En luttant pour survivre, vous perdez vos qualités humaines, vous devenez presque comme un animal. Vous perdez votre cœur et c'est un roc dur qui le remplace. Toute sollicitude envers vos frères humains disparaît et vous sacrifiez ainsi votre être réel. Amma a entendu raconter l'histoire suivante :

Engagé dans un procès qu'il craignait de perdre, un homme finit en désespoir de cause par confier à son avocat qu'il s'apprêtait à envoyer au juge un pot de vin sous la forme d'un jeu de cannes de golf. L'avocat, choqué, dit à son client : « Le juge est très fier de son intégrité. Il est impossible de le corrompre. Un tel acte ne ferait que l'indisposer à votre égard, et vous pouvez imaginer le résultat. »

Notre homme gagna le procès, et invita son avocat à dîner pour fêter leur succès. Il lui exprima sa gratitude pour le conseil au sujet des cannes de golf. « En fait, je les ai bien envoyées, mais au nom de notre adversaire... », dit-il.

L'ego transforme la vie en champ de bataille, et là, il n'y a ni amis, ni êtres chers, ni proches, rien que des ennemis. L'amour et la sollicitude en sont absents. Chacun ne songe qu'au moyen de tuer l'autre. Pas question d'oublier ni de pardonner. Même ceux de votre parti s'efforcent de vous faire chuter. En fait, ils raisonnent comme vous et nourrissent les mêmes soupçons, ce qui signifie que vous détruisez d'abord vos adversaires, puis vos alliés. Le pouvoir et l'argent vous aveuglent. D'où proviennent tous ces ennuis ? Ils sont dus à l'absence d'abandon de soi, à l'absence d'humilité. Chacun, imbu de sa propre grandeur, s'imagine être quelqu'un de spécial. Les efforts constants qu'il fournit pour affirmer sa grandeur face aux autres aboutissent à la destruction.

Récemment, un acteur de cinéma est venu voir Amma et lui a confié les difficultés qu'il rencontre pour survivre dans ce milieu. Il lui a dit : « Les gens ont le sentiment que le cinéma est l'une des meilleures carrières qui existent et que les stars vivent heureuses et satisfaites. » Avec beaucoup de tristesse, il a expliqué à Amma que le cinéma est une des pires professions à cause de la jalousie et de la concurrence qui règnent entre les acteurs. Ceux qui sont au sommet n'encouragent jamais les débutants. Des nombreux comédiens de talent sont à la merci des producteurs, des directeurs et des stars. Il règne entre eux une hostilité sans vergogne, chacun s'efforçant de provoquer la chute des autres.

Les gens dissimulent parfois leur ego pour parvenir à leurs fins. Prenons le cas de quelqu'un qui cherche du travail. Depuis longtemps en quête d'un emploi, il postule pour une place et a un entretien avec le propriétaire de l'usine, au cours duquel il prend soin de cacher son ego. Affichant une grande humilité, il accepte les conditions posées et signe le contrat, promettant à plusieurs reprises de ne jamais prendre part à aucune grève, à aucun mouvement s'opposant à la direction et de remplir ses devoirs sans faillir, avec diligence. Mais une fois qu'il est embauché, le sentiment de son importance réapparaît et il veut en faire la preuve. Le voilà qui brise ses engagements et oublie ses nombreux serments. Il laisse son ego sortir de sa cachette.

Lorsque vous vous abandonnez à une conscience supérieure, vous renoncez à toute revendication. Vous lâchez tout ce à quoi vous vous agrippiez. Peu importe alors le succès ou l'échec. Loin de désirer encore être quelqu'un, vous aspirez désormais à n'être plus rien, absolument plus rien. Vous plongez donc dans la rivière de l'existence.

L'ego, ou le mental, vous donne l'illusion d'être quelque chose. À moins de l'éliminer, il vous sera impossible de plonger dans votre propre conscience. Il vous faut devenir rien. Il ne doit pas rester la moindre trace de « Je suis quelque chose ». Tant que vous êtes quelque chose, vous n'entrerez pas dans le royaume de la pure Conscience.

La beauté réside dans l'absence d'ego

L'ego ne sait que détruire, il détruit tout, même la vie, anéantissant la beauté et la bonté. La prédominance de l'ego entraîne celle de la laideur, car il est par nature laid et repoussant. La présence d'une personne égocentrique, fût-elle belle et dotée de grandes capacités, a quelque chose de déplaisant.

Ravana, le roi démoniaque, était beau, majestueux et doté de nombreux talents. C'était un grand chanteur et musicien, capable de jouer de plusieurs instruments à la fois et d'en tirer des sons magnifiques. Il était également compositeur, écrivain, et de plus un érudit. Mais sa personnalité avait néanmoins quelque chose de repoussant. En dépit de ces grandes qualités, son caractère était désagréable parce que son ego était très puissant. Il se croyait supérieur à tous. Le sentiment : « Je suis grand » engendre chez un être une certaine laideur.

Védavyasa, par contre, n'était rien moins que beau. Mais sa présence était divine et d'une beauté exceptionnelle, car il était l'incarnation de l'humilité et de la simplicité. Il n'avait pas d'ego. Sa grandeur était bien réelle, mais il ne l'a jamais proclamée en aucune manière. Il considérait qu'il n'était rien, et grâce à cela, il était tout.

Védavyasa était une âme à l'abandon parfait, alors que Ravana n'avait rien abandonné. L'ego du roi avait pris des proportions énormes, tandis que le sage n'avait pas d'ego individuel. Il était la pure Conscience personnifiée. La différence est énorme. »

Tous les auditeurs étaient captivés par les paroles d'Amma. Ils ne la quittaient pas des yeux, elle, l'incompréhensible.

Le *brahmachari* Païchanta :

Ammayennullora ten mori

Parmi les innombrables noms qui existent,
Lequel peut égaler le miel du nom d'Amma ?
Y a-t-il au monde un royaume
Digne d'être le séjour de mes pensées
Sinon celui de Ton amour ?

Ô Mère, si Tu oublies ce malheureux
Qui erre sur les rives des nuits solitaires,
Alors le jardin de mon esprit
Sera la demeure de chagrins sans fin.

Ô Mère, mon seul soutien,
Qui donc, sinon Toi, connaît
Mes souffrances les plus profondes ?
À quoi servirait de méditer sur Tes pieds de lotus,
Si nous, qui T'adorons,
Devions subir un destin méprisable ?

Ô Lumière infinie, Lumière bénie,
Je T'en prie, accorde-moi
Une caresse de Ton regard.
Qu'il m'effleure,
Et mon mental naviguera
Sur la rivière d'ambroisie de la Béatitude.

Chapitre 11

Un soir de *Devi bhava*, Balou, souffrant d'un mal de gorge, se trouva incapable de chanter. Il alla donc s'asseoir dans le temple pour méditer, répéter son *mantra* et contempler le visage radieux d'Amma.

Saumya (Swamini Krishnamrita Prana) était assise auprès d'elle et la servait, comme elle le faisait au cours de chaque *bhava darshan*. Au début, Gayatri et Saumya étaient les seules *brahmacharinis* résidant à l'ashram. Avant leur arrivée, les premières années, les femmes du voisinage servaient Amma lors des *Krishna* et des *Devi bhava*. Lorsque Gayatri vint demeurer à l'ashram début 1980, elle prit en charge le service personnel d'Amma, y compris lors des *bhavas* divins. Cette dernière tâche fut reprise par Saumya lorsqu'elle devint résidente, fin 1982.

À l'époque, Amma appelait souvent un *brahmachari* à côté d'elle, à sa gauche, pendant le *Devi bhava*. Instants précieux. Ayant invité l'un d'entre eux à s'asseoir près d'elle, Amma lui appliquait d'ordinaire de la pâte de santal entre les sourcils. Ce geste avait un effet merveilleux : une immense paix envahissait alors le *brahmachari*, qui s'absorbait spontanément dans une profonde méditation. C'était donc une bénédiction qu'elle accordait délibérément. Le premier groupe de *brahmacharis* eut la grande chance de vivre cette expérience. Il arrivait qu'elle appelât l'un d'eux et le laissât poser sa tête sur ses genoux. Il avait alors des visions merveilleuses et d'autres expériences spirituelles. Être autorisé à s'asseoir près d'Amma pendant le *Devi bhava* était bien entendu considéré comme un grand privilège et une bénédiction. Il n'était pas rare qu'elle accorde cela à un dévot chef de famille.

Puisque cela était considéré comme une manifestation particulière de son amour, chacun des *brahmacharis*, le cœur battant, espérait qu'Amma lui ferait signe. Mais parmi les six ou sept moines qui vivaient à l'ashram, Amma n'en invitait qu'un à venir auprès d'elle. Certains jours, les ignorant complètement, c'était un chef de famille qu'elle appelait. Quand les autres voyaient qu'ils avaient perdu leur chance pour ce jour-là, ils étaient extrêmement jaloux de l'élu. Avec le temps, Amma cessa cette pratique.

Les souvenirs de cette époque n'ont rien perdu de leur fraîcheur et de leur éclat pour les *brahmacharis*. Les méditations profondes et spontanées qui leur étaient accordées en de telles occasions étaient extraordinaires. Amma prenait aussi parfois le temps de répondre aux questions de la personne assise à côté d'elle.

Balou vivait ce soir-là une de ces nuits bénies.

Devant le temple, les *bhajans* étaient chantés avec grande ferveur. Païchantait :

Oru pidi sneham

En quête d'un peu d'amour
J'ai poursuivi des ombres
Mais alors que j'allais le saisir,
L'amour m'a glissé des mains.
Ô Mère, et me voilà
Errant toujours,
Ô Mère.

Frappé par les vagues cinglantes du chagrin,
Mon cœur s'est brisé.
Ô Mère

Où donc cette âme désolée
Doit-elle Te chercher ?
Es-Tu indifférente,
Ô Mère, es-Tu indifférente ?

Buvant sans cesse les larmes du chagrin,
Je ne dormirai plus.
Ô Mère,
Prends pitié de moi,
Afin que je m'éveille
Et me retrouve à Tes Pieds de lotus.

Balou était assis près du mur, non loin d'Amma. Il contemplait sa forme magnifique en songeant : « Comme ce serait merveilleux si Amma m'appelait maintenant et me laissait m'asseoir près d'elle. » Soudain, Amma le regarda et l'invita en souriant à venir près d'elle. La joie de Balou ne connut plus de bornes. L'idée qu'Amma avait répondu aussi vite à sa prière le rendit ouvert et réceptif.

Sans perdre un instant, il s'approcha et s'assit à côté du *pitham*. Amma le regarda avec un sourire radieux en disant : « Amma savait que tu désirais intensément être auprès d'elle. » Regardant son visage, Balou versait des larmes silencieuses. Voyant cela, Amma, débordant de compassion pour son enfant, mit la tête de Balou sur ses genoux. Puis, gardant sa tête dans son giron, elle continua à donner le *darshan* aux dévots.

On entendait la voix de Païe, qui, devant le temple, récitait en introduction à un chant le *sloka suivant :*

Amritanandamayi stavamanjari

Ô Mère, je me prosterne devant Toi,
L'essence du Aum, l'infini,
L'éternel,
L'Absolu qui brille dans le temple du cœur des sages.

149

Toi qui apportes la joie
Aux disciples sincères et constants
Plongés en méditation...

Toi qui leur insuffles la fervente dévotion
Que fait naître le chant dévotionnel
Qui monte du cœur...

Toi, la Mère adorée
Par ceux qui sont vertueux.

Balou leva la tête pour regarder de nouveau le visage radieux d'Amma. Tandis qu'elle lui lançait un regard plein de compassion, il lui demanda : « Amma, ai-je été avec toi au cours de toutes tes incarnations précédentes ? »

Amma sourit et répondit : « Mon fils, tu as toujours été avec Amma. Sache que ceux qui sont avec Amma maintenant ont été avec elle dans toutes ses incarnations précédentes. Sinon, comment pourriez-vous avoir le sentiment d'un lien si fort et si spontané avec elle ? »

Question : « Amma, certains disent que c'est le *guru* qui choisit le disciple ; d'autres affirment que c'est le disciple qui choisit le *guru*. Qui est dans le vrai ? Est-ce toi qui m'as choisi ou bien l'inverse ? T'ai-je trouvée ou m'as-tu trouvé ? Pourrais-tu, s'il te plaît, éclaircir ce point ? »

Amma : « Fils, si Amma te disait que c'est elle qui t'a choisi, aurais-tu une foi complète et aveugle en ses paroles, sans éprouver le moindre doute ? Amma ne le pense pas. Dans l'état où tu es à présent, tu y croiras peut-être un moment, mais le mental ne tardera pas à élever des objections. Il y appliquera la théorie de la cause et de l'effet, et une fois qu'il aura adopté cette façon de penser, tu analyseras et raisonneras ainsi : « D'accord, Amma déclare que c'est elle qui m'a trouvé. Mais si tel est le cas, ce doit bien être l'effet de quelque chose. Quelle est donc la cause ? Cela ne peut être dû qu'aux mérites (*punya*) que j'ai acquis ou aux austérités (*tapas*) que j'ai accomplies. » En entretenant de telles pensées, tu laisseras peu à peu l'ego s'infiltrer.

Cela semble peut-être de la simple logique, mais l'attitude la plus favorable à votre croissance spirituelle serait : « Dieu m'a choisi. Mon Maître m'a choisi. J'étais perdu et il m'a trouvé, lui qui est tout pour moi. »

Question : « Atteindrai-je la réalisation du Soi dans cette vie ou bien me faudra-t-il renaître ? »

Amma : « Fils, seras-tu capable de fournir un effort suffisant pour détruire ton mental et tous tes désirs dans cette vie ? Amma sera toujours à tes côtés pour te guider en te tenant la main. Mais seras-tu capable de faire ta *sadhana* régulièrement et sans faillir, selon ses conseils ? Si tu le peux, Amma pense que tu n'auras pas à renaître.

Fils, si tu effectues tes pratiques spirituelles en suivant exactement les instructions d'Amma, tu parviendras sans aucun doute à réaliser le Soi en trois ans. Amma peut te le garantir. Alors il n'y aura plus de retour. Mais le mental doit disparaître ; l'ego doit mourir. S'il reste la moindre trace de mental, il te faudra revenir. »

Question : « Amma, je n'ai pas peur de revenir. Je désire seulement être avec toi, même si je dois encore prendre de nombreuses naissances ! »

Amma : « Fils, si tu es vraiment avec Amma dans cette vie, tu seras auprès d'elle lors de toutes ses incarnations à venir, n'en doute pas. »

Question : « Amma, qu'entends-tu par « Si tu es vraiment avec Amma » ? Ne suis-je pas avec toi maintenant ? »

Amma : « L'obéissance inconditionnelle à Amma, voilà ce que signifie « être vraiment avec elle ». » Être en présence d'Amma sans avoir conscience des principes qu'elle représente, ce n'est pas être avec elle mais au contraire l'oublier. Se souvenir d'Amma, c'est obéir à ses paroles, en comprendre la portée spirituelle et les mettre en pratique. Quoi qu'il en soit, en présence d'un *Mahatma*, la purification se produit d'elle-même. »

Balou regarda Amma et dit : « Amma, une dernière prière. Bénis-moi afin que je puisse toujours demeurer en ta divine présence. »

Amma mit son index dans une coupe contenant de la pâte de santal. Elle posa ensuite le bout de son doigt entre les sourcils de Balou et celui-ci fut rempli de béatitude. Il ferma les yeux tandis qu'elle continuait à appuyer contre son troisième œil, et il se retrouva dans un état de profonde méditation.

Les *brahmacharis* chantaient :

Brahmanda pakshikal

Ô Mère,
Tu es l'arbre glorieux de la Connaissance,
Sur lequel les galaxies viennent se poser,
Telles des nuées d'oiseaux.
Avant que je parvienne à Toi
Par la connaissance du Soi
Laisse-moi croître à Ton ombre.

Ô Mère dont la puissance est suprême,
Je T'adore,
Sachant que le ciel bleu est Ta tête,
La terre Tes pieds
Et l'atmosphère entière Ton corps.

Ô Mère
Toi que toutes les religions glorifient,
Toi l'essence des quatre Védas,
La demeure finale où se dissolvent

> *Les noms et les formes,*
> *Je me prosterne devant Toi en toute humilité.*

À la fin du *Devi bhava*, Amma appela Dattan le lépreux pour lui donner le *darshan*. La façon dont Amma s'occupait de lui était à la fois émouvante et inspirait un respect sacré. Elle lui accordait plus de temps et d'attention qu'à tout autre.

Dattan s'approcha d'Amma et se prosterna à ses pieds de tout son long. Amma le releva et lui mit la tête sur ses genoux. Au bout d'un moment, elle lui releva doucement la tête et se mit à lécher ses blessures suppurantes. Un acte de compassion aussi extrême est presque inimaginable. Pour ceux qui en furent témoins, c'était à la fois horrifiant et profondément émouvant. Un dévot qui se trouvait présent s'évanouit, il fallut le porter hors du temple. Amma demanda alors aux autres dévots de sortir. Ce qu'elle fit ensuite sidéra tous les témoins. Elle ordonna à Dattan de baisser la tête, la prit entre ses mains et mordit une plaie profondément infectée qu'il avait au front. Après en avoir sucé le sang et le pus, elle cracha dans un récipient que la *brahmacharini* Saumya tenait près d'elle. Elle répéta l'opération plusieurs fois, puis elle prit de la cendre sacrée qu'elle appliqua sur le corps du lépreux. Elle l'étreignit encore une fois avec beaucoup d'affection avant de marcher jusqu'aux portes du temple pour lancer des pétales sur les dévots, marquant ainsi la fin du *Devi bhava*. Dattan guérit complètement de la lèpre, et son seul remède fut la salive d'Amma. Toutes ses blessures disparurent, seules les cicatrices demeurèrent visibles sur son corps.

Chapitre 12

Ce n'est pas mon droit, mais Sa Grâce

Le lendemain, la plupart des dévots venus pour le *Devi bhava* étaient repartis. Balou, Venou, Ramakrishnan, Rao, Sri Koumar et Paï[10] étaient assis devant le hall de méditation, entourant Amma qui venait juste de descendre de sa chambre. Balou saisit l'occasion pour demander : « Amma, la nuit dernière, pendant le *Devi bhava*, je t'ai demandé si le disciple choisissait le Maître ou si c'était l'inverse. Tu as répondu qu'il était toujours bon pour la croissance spirituelle du disciple de cultiver l'attitude : « C'est Dieu qui m'a choisi ». Peux-tu nous en dire plus à ce sujet ? »

Amma : « Fils, si tu songes que c'est toi qui as choisi ton Maître, cela renforcera ton ego. Tu ne peux élire un *Satguru* à moins que telle ne soit sa volonté. Penser : « J'ai choisi mon Maître » serait pure vanité. Tu pourrais alors également l'abandonner à ton gré. Mais comment pourrais-tu sélectionner ton Maître alors qu'il dépasse complètement tes facultés de compréhension ? Avant d'accepter ou de refuser un objet, tu essayes d'abord de juger s'il est bon ou mauvais pour toi. Tu ne l'adoptes que s'il est bon,

---

[10] Balou est aujourd'hui connu sous le nom de Swami Amritaswarou-pananda ; Venou = Swami Pranavamritananda ; Ramakrishnan = Swami Ramakrishnananda ; Rao = Swami Amritatmananda ; Sri Koumar = Swami Pournamritananda ; Paï = Swami Amritamayananda

tu peux aussi l'utiliser un moment puis t'en débarrasser à ton gré. Un choix de ce type requiert beaucoup de réflexion. Mais quand un disciple, au premier regard sur le Maître, se sent lié à lui par un amour puissant, cela n'implique aucune réflexion. L'attrait spirituel que le *guru* exerce sur lui est tel qu'il s'abandonne à lui. La pensée est un obstacle à l'amour et à l'abandon de soi.

Le *Satguru* n'est ni un objet ni une personne limitée. Il est votre propre Soi, le Soi de toute chose, il est l'Infini.

Comment la rivière pourrait-elle choisir l'océan ? Elle coule vers lui, elle n'a pas d'autre possibilité, c'est le lot des cours d'eau. Emportés vers l'océan, ils courent s'y fondre. La force de l'attraction exercée par l'océan est si infinie qu'ils ne peuvent faire autrement.

De même, vous êtes attiré par le Maître suprême. Son pouvoir infini vous subjugue et vous venez à lui. La puissance du *guru* précède toute décision de votre part et n'appartient qu'à lui. C'est sa grâce, que vous ne sauriez mettre à votre crédit.

Vous n'êtes qu'un peu de limaille de fer impuissante, attirée par l'aimant omnipotent de la gloire spirituelle du Maître. La limaille de fer n'a pas le choix : une fois soumise à la force magnétique de l'aimant, elle ne peut décider de partir ou de rester. L'aimant l'attire, elle se déplace donc dans cette direction. L'attraction qu'exerce sur vous le Maître suprême vous laisse de même sans recours. Vous ne pouvez résister. Cela arrive, voilà tout.

Le *Satguru* vous ramasse dans la boue et vous élève à l'état dans lequel lui-même est établi. L'attitude juste consiste donc à penser : « Je ne l'ai pas choisi, c'est lui qui m'a choisi. » Mais là encore il y a un danger, car la pensée naîtra peu à peu en vous : « C'est moi qu'il a choisi, je dois donc avoir quelque chose de spécial. » Cela aussi est dangereux, parce que vous oubliez alors le rôle de la grâce du Maître. Vous songerez peut-être que le Maître vous a élu et qu'il est donc votre droit absolu d'être son disciple.

Cela ne fera que gonfler votre ego. Chez un être spirituel, celui-ci est beaucoup plus subtil que chez une personne s'adonnant aux plaisirs du monde.

Il vaut beaucoup mieux songer : « Si je suis ici, auprès du Maître, ce n'est que par l'effet de sa grâce. Ce n'est pas un droit. C'est le *Satguru* qui m'a trouvé. J'étais inutile, complètement perdu et sans espoir, mais par sa grâce et sa compassion, je suis ici maintenant. Je ne mérite rien, mais il m'accorde cependant sa grâce divine. » Cette attitude vous rend humble et vous aide à détruire l'ego. L'essentiel est d'en rester toujours conscient. Le mental et la force d'attraction des *vasanas* sont très puissants, il est donc facile d'y succomber et d'oublier la grâce du Maître. L'humilité est le but même de la vie spirituelle, l'humilité est le seul chemin vers Dieu. Si vous avez le sentiment d'avoir été choisi par le Maître, vous songerez peut-être : « Il y a tant de gens dans le monde et cependant c'est *moi* qu'il a choisi. J'ai dû acquérir de grands mérites ou beaucoup de pouvoirs spirituels dans mon incarnation précédente, c'est pourquoi il m'a élu, moi et nul autre. Personne, en-dehors de moi, ne pourrait faire le travail que je fais en ce monde. Il m'a choisi, c'est pourquoi je suis ici. »

De telles idées peuvent s'emparer de vous et vous rendre très vite pire que n'importe qui. Votre ego prend alors des proportions énormes, ce qui est dangereux. Ce genre d'attitude vous donne le sentiment de votre importance, et votre personnalité est défigurée par l'ego. Un dévot ou un disciple authentique est doté d'une grande humilité, ce qui lui confère une certaine beauté spirituelle. La beauté de la spiritualité réside dans l'humilité.

Le Maître vous choisit pour vous sauver. Vous devriez considérer cela comme un cadeau qu'en vérité vous ne méritez pas. Cela ne vous revient pas de droit — c'est l'effet de sa grâce et de sa bénédiction. Si vous n'avez pas cette attitude, l'ego s'infiltrera en vous sans même que vous en ayez conscience.

Il faut être assez humble pour penser : « Je ne suis rien. Tu es tout. » Pour devenir le Tout, vous devez prendre la mesure de votre néant. Tant que vous éprouvez le sentiment d'être quelque chose, vous n'êtes rien.

Prenez garde à l'ego subtil

Question : « Amma, tu viens de dire que l'ego d'un chercheur spirituel est très subtil et peut même le faire retomber dans le monde. Peux-tu nous donner quelques explications ? »

Amma : « Mes enfants, le simple fait de penser : « Je suis spirituel, je suis un être spirituellement avancé », ou bien : « Je suis un renonçant », peut être une grosse pierre d'achoppement à votre progrès spirituel. De telles pensées relèvent aussi de l'ego, mais sous une forme beaucoup plus subtile. Vous songerez peut-être : « Je suis supérieur parce que j'ai renoncé à tout. Voyez ces gens qui aiment le monde, comme ils sont encore enlisés dans le bourbier du matérialisme. Quelle ignorance ! » Vous vous imaginerez peut-être que ceux qui vivent dans le monde vous sont bien inférieurs. Si vous nourrissez de telles idées, cela indique seulement votre manque de maturité spirituelle et signifie que vous êtes ignorant. Ceux qui vivent dans le monde sont peut-être dans l'ignorance, mais ils ne suivent pas une voie spirituelle ; tandis que vous, qui êtes censé avoir cette démarche, vous êtes encore ignorant du point de vue spirituel. De telles pensées appartiennent à l'ego et il faut les déraciner de votre esprit. Sous la direction d'un Maître parfait, il est impossible de nourrir cette sorte de vanité. Le Maître la remarque aussitôt et la détruit. Un ego subtil est beaucoup plus puissant et difficile à briser qu'un autre.

Un être non-spirituel est fier de sa réussite et aime en faire étalage. Son ego naît de l'attachement aux objets du monde extérieur. S'il possède une grande et magnifique maison, à laquelle il est attaché et dont il est très fier, elle est une excellente nourriture pour l'ego. Son pouvoir, ses richesses et sa réputation l'enorgueillissent aussi et il l'exprime parfois sur une vaste échelle. En sa présence, cet ego est tangible, même la manière dont il marche ou parle exprime une certaine fierté. Plus vous possédez de richesses et de pouvoir, plus votre ego est important. Que vous soyez riche ou pauvre, la différence n'est que dans le degré.

De même, plus vous pensez, plus votre ego augmente. C'est pourquoi les érudits, les penseurs et les orateurs ont souvent un ego plus développé que les autres. Ceux qui jouissent d'une position élevée dans la société, à moins qu'ils ne cultivent une attitude d'abandon d'eux-mêmes, ont un ego très puissant. Ils ont l'habitude d'être félicités pour le grand travail qu'ils accomplissent. D'ordinaire, plus vous êtes célèbre, plus votre ego est fort car il croît avec les honneurs. C'est ce qui arrive à de nombreuses personnes qui réussissent dans le monde. Leur ego est facile à déceler. On le reconnaît à leurs paroles et à leurs actes. Ils ne sauraient le cacher, il est si puissant qu'ils ne peuvent le dissimuler. Il existe néanmoins des êtres célèbres et reconnus qui sont demeurés humbles mais ce sont de rares exceptions.

Il est assez naturel que ceux qui mènent une vie vouée au matérialisme développent un ego imposant. C'est excusable de leur part, car ils ne possèdent pas la compréhension spirituelle nécessaire. Ce n'est pas le cas des êtres qui ont voué leur vie à la spiritualité. Celle-ci doit devenir un mode de vie. On attend d'eux qu'ils soient humbles et sans ego.

Il arrive malheureusement qu'un aspirant spirituel apprenne à dissimuler et feigne une grande humilité. Il s'efforce de ne pas révéler son ego car il sait que cette attitude est erronée de la part d'un chercheur spirituel et que les gens ne l'apprécieront pas. Il en va de même dans le monde, avec une différence toutefois : une fois que vous êtes reconnu comme un spécialiste dans un domaine quelconque, le pays a besoin de vous et vous pouvez vous permettre de manifester votre ego. Vous pouvez parler et agir à partir de l'ego, votre qualification vous protège. Votre employeur ne vous mettra pas à la porte, à moins qu'il ne trouve un remplaçant de valeur. Mais dans la vie spirituelle, il en va autrement. L'humilité, l'absence d'ego et la sagesse que vous manifestez donnent la mesure de votre avancement spirituel.

Si une personne soi-disant spirituelle montre son ego, les gens ne la respectent pas. Elle se crée une mauvaise réputation dans la communauté spirituelle. Sachant cela, vous apprenez à dissimuler la colère et les autres tendances négatives pour agir et vous comporter comme une personne spirituellement mûre. L'ego devient alors mental et subtil. Tant que vous l'exprimez ouvertement, il existe à un niveau palpable, mais lorsque vous le cachez consciemment à l'intérieur et agissez différemment à l'extérieur, il devient très subtil et dangereux.

Vous pouvez exprimer votre ego. Cela s'avérera peut-être nuisible, mais n'induira pas les gens en erreur ; le mal sera donc moindre. Ils comprendront que vous avez un ego et que vous avez peut-être en vous beaucoup de colère, de haine, et d'autres sentiments négatifs. Ils feront attention et garderont leurs distances, si besoin est. Mais si vous apprenez à dissimuler habilement votre ego et prenez les allures d'un yogi, que peuvent-ils faire ? Ils seront victimes d'une illusion, d'une tromperie. Une telle hypocrisie ne saurait toutefois durer bien longtemps. Bien vite, l'ego se démasque. Ce qui est caché à l'intérieur se manifestera tôt ou tard, quels que soient vos efforts pour le dissimuler, ce n'est qu'une question de temps.

C'est un peu l'attitude de la belle-mère lorsqu'elle accueille sa belle-fille.[11]

---

[11] En Inde, la coutume veut que les jeunes mariés aillent vivre chez les parents du mari.

Elle l'entoure au début de beaucoup de soins et d'amour et ne lui permet pas de faire la cuisine, de nettoyer la maison ou de travailler à l'extérieur, comme si elle était une pierre précieuse risquant de s'user si on l'utilise trop. Elle tient des discours du style : « Ma fille, ne songe pas à de tels travaux ! Il y a bien assez de monde pour les faire. Assieds-toi et détends-toi. » Lorsque la femme du fils aîné entend ces paroles, elle sourit intérieurement. Elle sait par expérience qu'il s'agit d'une façade et que sa belle-mère révèlera bientôt sa véritable nature. Et c'est exactement ce qui arrive. Au bout d'une semaine ou deux, la belle-mère, qui a jusqu'alors fait montre de tant d'amour et de sollicitude envers sa nouvelle belle-fille, se met à crier : « Espèce de paresseuse ! Te prends-tu pour la maîtresse de maison ? Nous ne sommes pas à ton service ! Va nettoyer la cuisine ! » Ce comportement n'est pas rare dans les familles indiennes, bien que ce soit parfois le contraire et que la famille devienne alors victime de la belle-fille. Les premières semaines, elle se montre douce et aimable, mais sa véritable nature ne tarde pas à se révéler.

Voilà ce qui arrive lorsque les gens cachent leur ego pour obtenir la faveur des autres et ainsi les dominer. Ils parviennent à le dissimuler un moment mais il ne tarde pas à se manifester. Leur nature réelle reprend le dessus.

Celui qui porte le masque d'un être spirituellement avancé ignore le mal terrible qu'il fait. Il égare les autres et pave la voie de sa propre destruction. Il dupera peut-être nombre de gens sincères ; lorsqu'ils se rendront compte de leur erreur, ils perdront la foi. Tout ce qui touche à la spiritualité éveillera dès lors leur défiance. Ils se méfieront même des maîtres authentiques. Songez au mal immense que ces soi-disant guides spirituels font à la société et au genre humain. L'ego d'un tel être est très subtil et il est difficile de le détruire. Il croit à sa propre grandeur. C'est naturel car il est fier des grandes foules qui viennent entendre ses discours et des louanges que les gens répandent sur lui. Les gens lui disent : « Ô vous êtes si éminent et si érudit ! Quelle éloquence ! Quelle présence ! » Ces éloges, cette adoration font naître chez lui le sentiment de sa propre grandeur. À mesure que cette idée s'enracine en lui, elle gagne aussi en subtilité. Il apprend à dissimuler et fait semblant d'être grand. Mais ce qui se cache à l'intérieur ne tarde pas à se manifester à l'extérieur. De telles personnes se laissent aisément tromper par autrui et elles agissent parfois de façon insensée. »

La Mère éperdue de béatitude

Le temps était couvert et une averse semblait imminente. Le bruit du ressac de l'océan se fit plus fort, un vent violent et froid se leva. Amma regarda le ciel et partit aussitôt dans une profonde extase. Le soleil était à présent complètement voilé par de sombres nuages. Il n'était que onze heures trente, mais on se serait cru au crépuscule. Il se mit bientôt à bruiner. Gayatri descendit de la chambre d'Amma avec un parapluie pour venir l'abriter. Les résidents ne bougèrent pas, ils restèrent sous la pluie auprès d'Amma. En quelques secondes, la bruine se transforma en déluge. Mais Amma resta assise au même endroit, le regard toujours dirigé vers le ciel.

Quelques minutes plus tard, elle se leva pour aller marcher sous la pluie, et se mit à jouer comme une enfant. Elle sautillait et dansait en décrivant des cercles, s'arrêtant parfois pour contempler le ciel. Elle tendait les bras, les paumes ouvertes vers le ciel, comme pour attraper les gouttes de pluie. Les résidents, à quelques mètres de là, regardaient ce spectacle magnifique.

Amma était maintenant complètement trempée. Gayatri, impuissante, se tenait à côté d'elle, tenant le parapluie fermé. Amma joignit soudain les paumes au-dessus de la tête et se mit à tourner sur elle-même en décrivant des cercles et en récitant les vers suivants :

Anandam saccitanandam
Anandam paramanandam
Anandam saccitanandam
Anandam brahmanandam

Béatitude, pure existence-conscience-béatitude
Béatitude, suprême béatitude
Béatitude, pure existence-conscience-béatitude
Béatitude, béatitude de *Brahman*

Longtemps après la fin du chant, Amma continua à tourner sur elle-même, les paumes toujours jointes au-dessus de la tête et les yeux fermés. Transportée dans un autre monde, elle semblait n'avoir aucune conscience de son corps. Son visage était radieux et enchanteur. Elle continuait à danser, un sourire magnifique et divin sur les lèvres, tandis que la pluie coulait sur la cascade de ses cheveux noirs et le long de ses joues.

Personne ne savait quoi faire. Quelqu'un suggéra de porter Amma à l'abri. Mais Nealou pensait qu'il ne fallait pas la toucher tant qu'elle était dans cet état de béatitude. Pendant qu'ils discutaient entre eux sur la conduite à tenir, Amma cessa peu à peu sa danse et s'allongea par terre, c'est-à-dire dans une flaque d'eau boueuse. Allongée ainsi sous la pluie, immobile, son visage rayonnait toujours de la même lumière spirituelle.

Il continuait à pleuvoir à seaux et les résidents étaient de plus en plus inquiets. Gayatri, assise à côté d'Amma sur le sol mouillé, s'efforçait de l'abriter sous le parapluie. Elle insista pour que l'on porte Amma dans sa chambre. Tout le monde finit par se ranger à cet avis et suivre ses instructions.

Dès qu'Amma fut dans sa chambre, Gayatri demanda à tous de sortir, pour pouvoir lui mettre des vêtements secs. Ils partirent aussitôt et l'on ferma la porte. Amma resta encore longtemps en *samadhi*.

Que peut-on dire d'une personnalité aussi mystérieuse, se présentant un instant sous l'aspect du Maître, l'instant suivant sous celui d'une enfant innocente, et qui en quelques secondes glisse dans l'état le plus élevé de *samadhi* ?

> « Certes, rare est l'homme qui, constamment absorbé en *Brahman*, libéré du sens de la réalité des objets extérieurs, paraît seulement les apprécier lorsque les autres les lui offrent ; comme s'il tombait de sommeil ou s'il était un nourrisson, le monde lui semble un rêve qu'il ne reconnaît que de temps à autre. Il goûte les fruits de mérites indicibles et il est en vérité béni et révéré sur cette terre. »

—Vivekachoudamani[12]

---

[12] Œuvre de Shankaracharya. *Viveka* = discernement ; *chouda* = sommet ; *mani* = joyau.

Chapitre 13

De l'impossibilité d'imiter le Divin ;
l'histoire de Paundra Vasoudeva

Ce jour-là, Amma était assise dans la petite pièce qui servait de bibliothèque. Quelqu'un souleva de nouveau la question de la subtilité de l'ego spirituel. Un des *brahmacharis* demanda : « Amma, hier, lorsque tu nous disais à quel point l'ego d'une personne spirituelle est subtil, tu as déclaré que ces êtres allaient même parfois jusqu'à se conduire de manière insensée. Comment peuvent-ils en arriver là ? »

Amma : « Pourquoi pas ? Lorsque le mental est en proie à une obsession, toute faculté de discernement disparaît. Il arrive donc que certains, entraînés par leur désir de devenir célèbres et d'être admirés, se comportent de façon stupide. La confusion s'empare de leur mental et il est facile de les manipuler. Ils aspirent tant à être reconnus, admirés et loués pour leur grandeur, qu'ils perdent leur spontanéité, leur naturel. Ils ajoutent foi à l'opinion que les autres professent à leur égard et agissent sottement, convaincus que leur grandeur ne sera pas reconnue s'ils ne se conforment pas à ce que l'on attend d'eux. Même un excellent conseil n'aide pas celui qui est hypnotisé par l'admiration dont il est l'objet, car il est incapable de voir la vérité.

Mes enfants, connaissez-vous l'histoire de Paundra Vasou-deva, qui prétendait être Krishna ? À l'époque où Krishna régnait sur Dvaraka, Paundra Vasudeva était le roi d'une contrée appelée Karourousha. Attaché à l'excès à son rôle de roi, il nourrissait le désir ardent d'être adoré par ses sujets. Le roi de Kashi et lui étaient tous deux opposés à Sri Krishna, jaloux de Sa renommée et du culte qui Lui était rendu. Avec l'aide du roi de Kashi, Paundra, poussé par la soif de gloire, conspira contre le Seigneur. Ils firent annoncer publiquement que le Krishna qui résidait à Dvaraka était un faux, non une incarnation divine, et que le vrai Krishna, la véritable incarnation de Vishnou, n'était autre que Paundra en personne.

Les gens dirent alors que si le roi Paundra était l'incarnation réelle de Vishnou, il aurait dû tenir dans ses quatre mains sacrées les emblèmes divins, c'est-à-dire la conque, le disque, la massue et la fleur de lotus. Paundra croyait qu'il était vraiment Vishnou et il s'attachait parfois deux bras de bois aux épaules, si bien qu'il paraissait en avoir quatre, comme le Seigneur. Il portait aussi des répliques des quatre symboles du dieu. L'obsession de Paundra atteignit un tel degré qu'il se fit fabriquer un Garouda en bois[13].

Malheureusement, cet aigle de bois ne volait pas. On le plaçait sur le char royal, Paundra ordonnait à son épouse de s'habiller comme la déesse Lakshmi et ils faisaient tous deux le tour de la cité, bénissant les habitants du haut de leur siège sur le Garouda de bois. Paundra devint la risée de tout le pays. Bien des gens le croyaient devenu fou.

La comédie éhontée que jouait le roi, proclamant sa propre gloire, irritait grandement ceux de ses sujets qui révéraient Krishna. N'osant pas manifester ouvertement leurs sentiments, ils se moquaient de lui lorsqu'ils le voyaient passer dans les rues sur son char si particulier. Ils lançaient les commentaires suivants :

---

[13]   L'aigle divin Garouda est le véhicule que monte le Seigneur Vishnou.

« Oh, notre roi ressemble vraiment à Krishna ! Il devrait porter une couronne ornée d'une plume de paon et tenir une flûte dans ses mains si belles. Songez, quel enchantement, si son corps était de couleur bleu-sombre ! En vérité, pourquoi ne réclame-t-il pas les armes divines que détient le faux Krishna de Dvaraka ? Celui-ci n'y a aucun droit. Après tout, elles ne Lui appartiennent pas, elles sont la propriété légitime de notre roi, le grand Paundra Vasoudeva. »

Dès que Paundra sortait, il entendait de tels discours. Même ses proches, la famille royale et les courtisans, ironisaient ainsi. Le roi, influencé, se peignit alors le corps en bleu et s'habilla comme Sri Krishna. Il portait une réplique exacte de Son costume et tenait une flûte, bien qu'il ne sût pas en jouer. Et il se mit à croire peu à peu qu'il était réellement Vishnou, ou Krishna. Parfois il était l'un, parfois il était l'autre.

Mais le drame n'était pas encore parvenu à son dénouement. Ajoutant foi aux observations de ses sujets, il voulut obtenir les armes divines de Sri Krishna. Il envoya donc un messager à Dvaraka pour dire à Krishna : « Bouvier, tu n'es qu'un usurpateur. Donne-moi donc les armes divines, y compris le disque divin, car elles m'appartiennent de plein droit, puisque je suis le vrai Krishna, la véritable incarnation de Vishnou. Sinon, prépare-toi à mourir sur le champ de bataille. »

Ayant lu le message, Krishna dit : « Fort bien. Mais Je voudrais lui remettre les armes en personne. Dites à Paundra de venir les recevoir. » Krishna voulait donner une bonne leçon à ce roi insensé.

Paundra, habillé en Vishnou, arriva au lieu fixé pour la rencontre accompagné de son armée, prêt à combattre si nécessaire. Krishna les attendait. Dès qu'il L'aperçut, Paundra cria de toute sa voix : « Usurpateur ! N'essaye pas de me tromper ! Remets-moi les armes divines et le disque ou bien prépare-toi à mourir ! »

Au cours de la bataille qui suivit, Sri Krishna anéantit l'armée de Paundra. Lorsqu'il n'en resta plus rien, Sri Krishna, tenant le disque divin sur Son index, dit avec un sourire espiègle : « Paundra, Je ne suis venu que pour te donner cette arme. La voilà ! Elle est à toi, prends-la ! » Krishna lança alors le disque divin. Vous pouvez imaginer la suite : le disque trancha le cou de Paundra, qui s'effondra, mort. Krishna, le Maître parfait, détruisit ainsi l'attachement démesuré du roi à la gloire et aux honneurs, le délivrant de cet ego qu'il avait créé. »

Question : « Cela signifie-t-il que seul un Maître parfait, qui a transcendé l'ego et le mental, peut nous délivrer de l'emprise de l'ego subtil ? »

Amma : « C'est exact. Pour transpercer un tel ego, il faut une arme très puissante, comme le disque divin. Seul un Maître parfait la possède. C'est l'arme de la Connaissance, de l'omniscience, de l'omnipotence et de l'omniprésence du *Satguru*.

Un être qui recherche à tout prix la gloire, la puissance et le prestige souhaite s'emparer de l'univers entier. Dans sa folie, il ira peut-être jusqu'à déclarer : « Je suis le plus grand, cela me revient donc de droit. » Les idées de pouvoir et de gloire obscurcissent son esprit, lui ôtant la faculté de discerner.

Ceux que leur désir aveugle ainsi ont toutes les chances d'oublier Dieu. Dans leur course folle pour obtenir le respect et l'admiration d'autrui, ils en viennent parfois à défier Dieu. Cela indique que leur chute est proche.

Il est impossible d'imiter ou d'emprunter une nature divine. L'amour et les autres qualités divines sont inimitables. »

Chapitre 17

On célébrait cette nuit dans tout le Kérala la grande fête de *Tiruvatira*. En Inde, on considère le dieu Shiva et sa parèdre Parvati comme le Père et la Mère universels. Le jour de *Tiruvatira*, les femmes mariées font vœu de jeûner et prient pour leur époux. La tradition exige également que cette nuit-là, elles veillent, se consacrant à la prière et à chanter la gloire de Shiva et de Parvati.

Un groupe de villageoises d'un certain âge et quelques résidentes mariées de l'ashram formaient un cercle dans la cour, devant le temple. Elles s'apprêtaient à marquer le début de la fête en exécutant le *Tiruvatirakali*, une danse traditionnelle fort ancienne des femmes du Kérala.

Tous les résidents de l'ashram étaient assemblés devant le temple. Amma se trouvait sous l'arbre à henné, entourée d'une douzaine d'enfants. Certains habitaient dans le voisinage, d'autres étaient des enfants de dévots. Amma était d'humeur joueuse. Autour d'elle, les rires fusaient et la conversation était animée. C'est vers elle, non vers le cercle des femmes, que les regards se tournaient. Cependant, bien qu'Amma fût le centre de l'intérêt général, personne n'osait s'approcher, afin de ne pas troubler cette scène magnifique entre elle et les enfants. D'instinct, les autres restaient à distance.

Puis, le cercle des femmes s'anima, donnant le signal des chants et des danses traditionnels. Elles chantèrent :

Thirukathakal padam nyan

Ô déesse Durga, Ô Kali,
Délivre-moi de ce funeste destin !
Chaque jour je T'implore
De m'accorder la vision de Ta forme !

Permets-moi de célébrer Tes exploits divins
Et accorde-moi une faveur :
Lorsque je chante Ta gloire,
Je T'en prie, viens dans mon cœur !

Ô Essence des Védas,
J'ignore comment méditer,
Et ma musique n'a pas de mélodie.
Prends pitié de moi,
Et laisse-moi plonger dans la béatitude.

Tu es Gayatri,
Tu es la gloire et la libération[14],
Kartyayani, Haimavati et Kakshyani,
Tu es l'âme de la Réalisation
Et mon seul refuge.

Ô Devi,
Donne-moi la faculté
De parler des principes essentiels.
Je comprends que sans Toi, incarnation de l'univers,
Shiva, la cause originelle,
N'aurait pas d'existence.

---

[14] Noms de *Devi*.

Ceci est « Cela »

Le rythme du chant s'accéléra. Amma se leva alors, quittant les enfants assis autour d'elle pour aller se joindre à la danse. Elle paraissait à la fois enthousiaste et plongée dans une extase divine. L'innocence dont son visage rayonnait la faisait ressembler à une enfant divine, dansant au milieu des femmes. Celles-ci étaient ravies qu'Amma se joigne à elles.

Dans l'une des figures de la danse, deux partenaires se font face et frappent les paumes de leurs mains les unes contre les autres. Amma, transportée dans un autre monde, continuait sa danse remplie de béatitude. Elle avait les yeux fermés et ses deux mains formaient des *mudras*. Elle quitta alors la périphérie du cercle pour aller se placer au centre, où elle continua à danser en extase, tandis que les dévotes chantaient, célébrant la gloire de la déesse Parvati.

Puis Amma s'arrêta, immobile. Sa forme, son visage, rayonnaient d'un éclat divin. Visiblement encore en extase, elle avait exactement la même apparence que pendant les *Devi bhava*. Les dévotes continuèrent leur danse, chantant un *bhajan* après l'autre. Amma finit par s'asseoir par terre, toujours dans le même état intérieur.

Les dévots avaient le sentiment très fort qu'Amma était dans le *bhava* de la déesse Parvati. Qui sait ? Elle était peut-être dans ce *bhava* pour leur seul bénéfice. Rien n'est impossible à une âme unie au suprême *Brahman*. Un tel être peut manifester n'importe quel aspect du Divin, au moment où il le désire.

Lorsqu'Amma revint à elle, un des dévots lui dit : « Amma, nous avons eu le fort sentiment que tu étais dans le *bhava* de la déesse Parvati. » Amma pointa du doigt d'abord vers son corps, puis vers le ciel, et répondit : « Ceci est Cela. » Après un silence, elle reprit : « Que ce soit manifesté ou non, ceci est Cela. Ne croyez pas que ceci est le corps. Le corps n'est que l'enveloppe. Derrière l'enveloppe, il y a l'infini. »

L'expression ineffable sur le visage d'Amma et les paroles qu'elle prononçait semblaient venir directement du plan le plus élevé de la conscience. Avec un peu de subtilité, il était aisé de discerner qu'Amma affirmait ainsi indirectement qu'elle se trouvait bien dans le *bhava* de la déesse Parvati. La profondeur et la puissance de cette déclaration étaient telles que chacun en fut touché jusqu'au tréfonds de son cœur.

L'importance des qualités féminines chez un disciple

Quelques minutes s'écoulèrent en silence ; puis un des visiteurs ne put résister à la tentation de poser une question. « Amma, j'ai entendu dire qu'il existe deux sortes de disciples : ceux dont le tempérament est à dominante intellectuelle, et ceux dont la nature est plus féminine. Je ne crois pas avoir vraiment compris cela. Aurais-tu la bonté de m'éclairer sur ce point ? »

Amma : « Il est impossible d'atteindre le but de la spiritualité sans amour, sans dévotion et sans une ouverture intérieure qui vous permette de recevoir la Connaissance que seul un vrai Maître peut transmettre. Un disciple plutôt intellectuel par nature doit donc s'efforcer de créer un équilibre entre l'intellect et le cœur. Il lui faut nourrir un amour immense pour son Maître, allié à une connaissance adéquate de la nature omnisciente de ce dernier. Si vous êtes trop intellectuel, cela risque d'engendrer un déséquilibre et de vous rendre trop égocentrique. L'intellect raisonne. Incapable d'unir, il ne sait que disséquer et couper en deux. Il ne vous aidera pas à développer la foi et l'amour, qui sont des facteurs essentiels pour la croissance intérieure du chercheur spirituel. Il n'est pas bon pour lui de mettre l'accent sur l'intellect, car il manquera d'amour et de dévotion envers son Maître. Sans amour et sans une attitude de soumission et d'humilité, le Maître ne peut vous transmettre la Connaissance.

À moins qu'un Maître tout-puissant ne s'en charge, il est difficile de discipliner un chercheur dont le tempérament est à dominante intellectuelle. Seul un *Satguru* peut briser son ego et révéler l'essence réelle, sa véritable nature. Il conserve extérieurement ses qualités intellectuelles, mais intérieurement, il est habité par une dévotion profonde. Il y a un équilibre parfait entre les deux.

Une fois que le Maître a travaillé sur l'ego, celui-ci devient utile au monde. Ses caractéristiques ont été raffinées et moulées, et par la grâce du Maître, le disciple possède un bon contrôle de son ego.

Dès lors, il fait tout au nom du Maître. Le *Satguru* accomplit tout à travers lui et lui-même ne joue aucun rôle. Son attitude est la suivante : « Je ne suis qu'un instrument. Mon Maître tout-puissant agit à travers moi. » Il attribue tout à son *guru* et ne prend rien à son crédit. Mais en même temps, il est doté d'un esprit aventureux, d'un immense courage et de la capacité d'entreprendre des tâches en apparence impossibles et de les mener à bien.

Cependant, seul un *Satguru* peut ciseler, mouler et reconstruire l'ego du disciple. S'il est livré à lui-même ou sous la direction d'un maître imparfait, le déséquilibre de sa nature en sera accentué, ce qui nuira grandement aux autres et à l'ensemble de la société. Il s'efforcera bientôt de devenir lui-même un *guru*. Vous pourrez alors le voir tenter de former son propre groupe de disciples, de fonder son propre ashram.

Chez Hanouman, le grand dévot de Sri Rama, qualités masculines et féminines s'allient de façon magnifique. Il accomplit tout au nom de Rama, son Seigneur bien-aimé, ne revendiquant aucun mérite. Bien qu'il effectuât des tâches très difficiles, il ne tira jamais fierté d'aucun de ses exploits et demeura au contraire l'humble et obéissant serviteur de son Maître Sri Rama. « Rien n'est dû à mon pouvoir ni à ma force, tout est la grâce de Sri Rama », telle fut toujours l'attitude d'Hanouman.

Les disciples dotés de qualités féminines sont entièrement différents. Ils ne désirent pas partir enseigner, ils ne recherchent ni l'attention ni le respect. Ils ne se soucient pas même de réaliser le Soi. Leur seul désir est de rester en présence de leur Maître et de Le servir. Tel est leur *tapas*. Ils ne connaissent aucune discipline spirituelle supérieure à cela. Pour eux, il n'existe pas de vérité plus haute que leur *guru*. « Mon Maître, mon Monde, mon Tout », telle est leur attitude. Le cœur d'un tel disciple est rempli d'amour et d'attachement pour son Maître. Ni la logique ni le raisonnement ne peuvent expliquer une telle relation. On ne saurait la comparer qu'à l'amour des *gopis* pour Krishna : amour, amour, amour et encore amour. Un amour débordant. C'est tout. Ils ne s'inquiètent de rien d'autre. »

Amma raconta ensuite l'histoire d'un disciple du Bouddha.

« Un jour, un des disciples disparut brusquement. Il restait introuvable et sept jours s'écoulèrent sans que nul ne sache où il était. Puis Bouddha le trouva allongé sur le toit de l'ashram. Bouddha savait qu'il se trouvait là et qu'il avait atteint l'illumination. Il lui prit la main et dit : « Je sais que tu as atteint l'état de *nirvana*. »

Le disciple répondit : « Mon Maître bien-aimé, je sais que cela s'est produit, je n'ai pas besoin que Tu me le confirmes. En vérité, je le redoute même, car Tu ne manqueras pas d'ajouter : « Maintenant que tu as atteint le *nirvana*, il te faut aller enseigner, répandre dans le monde le message de la vérité. » J'ai peur, Seigneur, car je préférerais de loin rester ignorant, mais en Ta présence physique, plutôt que de partir dans le monde en ayant atteint la parfaite réalisation. »

Telle est l'attitude d'un disciple doté de qualités féminines. Il garde toujours un amour profond envers son Maître. Son cœur est si plein d'amour qu'il souhaite demeurer constamment en présence de son Maître. C'est pour lui l'accomplissement de sa vie, la réalisation suprême. »

Un Maître authentique est l'univers entier et au-delà

Question : « Amma, je t'ai entendue dire que se prosterner en toute humilité aux pieds du Maître revient à se prosterner devant l'existence entière. Je t'en prie, dis-nous ce que tu entends par là. »
Amma : « Mes enfants, seul celui qui s'est dépouillé de tout ego peut se prosterner devant l'ensemble de la création. Quand il n'y a plus d'ego, on dépasse les limites du mental pour devenir le Soi omniprésent. Lorsque tout vous apparaît comme votre propre Soi, vous n'avez d'autre choix que de vous prosterner et d'accepter. Quand on transcende l'ego on devient néant, mais comme l'espace, on devient tout, l'ensemble de la création.

Krishna enfant jouait un jour avec Ses amis. Ils inventaient toutes sortes de jeux, comme le font les petits enfants, et ils s'amusaient beaucoup. Un des petits servit aux autres un repas de sable, feignant de servir du riz. Ils devaient faire semblant de manger mais Krishna avala le sable pour de bon. Son frère aîné, Balaram, et les autres enfants, coururent aussitôt le dire à Yashoda, la mère adoptive de Krishna. Elle attrapa Krishna et Lui demanda d'ouvrir la bouche. Et ô merveille ! Elle vit dans Sa bouche l'univers entier. Elle contempla le soleil, la lune et les étoiles, la voie lactée et toutes les galaxies. Les montagnes, les vallées, les forêts, les arbres et les animaux, c'est l'univers entier que Yashoda vit à l'intérieur de Krishna.

La même chose se produisit lors de la bataille de Kurukshetra, pendant que Krishna donnait à Arjouna le grand sermon de la Bhagavad Gita. Lorsque ce dernier exprima le désir de voir la forme universelle du Seigneur, Il la lui montra. Arjouna vit alors l'univers entier contenu dans la forme de Krishna, il y vit même les forces armées des Pandavas et des Kauravas.

Que signifient ces deux épisodes ? Ils nous révèlent que l'univers entier est contenu dans le corps d'un vrai Maître. Krishna était un *Satguru*, et un *Satguru* est Dieu. Sa conscience est unie à la Conscience universelle. Cette Conscience est une, et c'est elle qui brille dans et à travers toute la création. Un tel Maître possède un nombre infini de corps, un nombre infini d'yeux. Il voit, entend, sent, mange et respire à travers chaque corps. Il est l'infini. S'abandonner à lui dans une totale humilité revient à s'abandonner à l'existence entière, à se prosterner devant l'ensemble de la création.

Dans cet état, vous comprenez que rien n'est différent ni séparé de vous. En vous prosternant devant l'existence entière, vous accédez à un état d'acceptation totale et cessez de lutter contre les situations qui surgissent dans votre vie. Tant que vous avez un ego, tant que vous vous identifiez au corps, vous luttez, vous vous débattez. Lorsqu'on se libère des liens de l'ego, il n'y a plus de lutte possible, on ne peut qu'accepter.

Tandis qu'une personne égocentrique considère que tous les êtres sont des sots ignorants, excepté lui-même, un *Mahatma* contemple en chacun un prolongement de son propre Soi. Dans l'état de réalisation, il est impossible de rien rejeter, on ne peut qu'accepter. L'espace accueille tout, le bon comme le mauvais. Une rivière accepte tout, l'océan accepte tout. Lorsqu'on devient aussi vaste que l'univers, on peut tout accueillir. Lorsque le mental et l'ego disparaissent, on devient l'infini.

L'espace et la nature acceptent l'air pollué des usines comme le doux parfum des fleurs ; ils embrassent tout. De même, un *Mahatma* accueille le bon comme le mauvais. Il accepte tous les êtres, et dans son amour inconditionnel et sa compassion infinie, il ne répand que grâce et bénédictions.

Mes enfants, connaissez-vous l'histoire suivante ? Une villageoise célibataire donna un jour naissance à un enfant. Elle refusa d'abord d'avouer qui était le père, mais comme on la pressait de questions, elle finit par nommer un Maître spirituel que tous respectaient profondément et qui vivait en bordure du village. Les parents de la fille, suivis des autres villageois, montèrent à l'assaut de la maison du Maître. Ils l'insultèrent, le battirent et l'accusèrent d'être un hypocrite. Ils lui amenèrent le bébé et lui enjoignirent de s'en occuper. Le Maître prit le bébé dans les bras, le regarda avec amour et dit : « Très bien, qu'il en soit ainsi. » Dès lors, le *Mahatma* éleva le bébé avec le plus grand soin, lui témoignant autant d'amour qu'une mère envers son propre enfant. Sa réputation en fut ruinée, tous les villageois l'évitaient y compris ses anciens disciples. Pourtant, même après que tous l'eurent abandonné, le Maître dit calmement : « Très bien, qu'il en soit ainsi. » Une année s'écoula ainsi. La fille qui avait donné naissance à l'enfant se sentait coupable et finit par avouer que le père de l'enfant était un jeune voisin et non le saint innocent. Ses parents, les villageois et les disciples furent remplis de remords. Ils allèrent voir le *Mahatma* et se jetèrent à ses pieds en implorant son pardon. Et ils lui demandèrent de leur rendre l'enfant. Le *Mahatma* n'en fut pas troublé et sourit en le leur tendant. Il les bénit tous et dit de nouveau calmement : « Très bien, qu'il en soit ainsi. »

Telle est l'attitude d'un vrai *Mahatma* : il se prosterne devant l'existence. Il n'est pas dans sa nature de rejeter quoi que ce soit, il ne dit pas « non » à la vie ni à aucune expérience. Il dit « oui » à tout ce que la vie lui apporte. Il ne maudit pas, ne se venge pas ; il ne sait que pardonner et bénir.

À l'exception des êtres humains, la création entière est un exemple de gratitude envers le Créateur pour les bénédictions infinies qu'Il répand sur elle. Même les oiseaux et les animaux passent leur vie dans la gratitude. Rien, dans le royaume animal ou végétal, ne s'écarte de sa nature propre. Toutes les créatures vivent selon les lois de la nature. Mais les êtres humains, pourtant soi-disant intelligents, brisent les lois et troublent l'harmonie cosmique. Ils perturbent la vie des autres êtres vivants et les différents aspects de la création.

Dieu a béni les êtres humains en leur accordant des dons en abondance, mais ils les transforment en malédiction. Cette vie est une merveilleuse bénédiction. Le mental et chaque partie du corps, la santé et les richesses sont des dons de Dieu. Mais que faisons-nous de ces bienfaits ? Nous employons nos mains à accomplir de mauvaises actions, nos jambes nous portent vers des lieux interdits, avec les yeux, nous regardons des objets laids, le mental nous sert à échafauder des projets malhonnêtes et à penser du mal d'autrui, l'intellect à inventer des objets destructeurs et nous n'utilisons la fortune dont nous disposons qu'à des fins égoïstes. Nous transformons ainsi la vie en malédiction pour nous-mêmes comme pour les autres.

Toutes les créatures, éprouvant le désir intense d'échapper aux chagrins et aux souffrances de la vie, s'approchèrent un jour du Seigneur Brahma, le Créateur. Le cochon s'avança le premier. Les larmes roulaient le long de ses joues tandis qu'il implorait le Seigneur : « Ô Seigneur de la création, y a-t-il une issue à cette souffrance ? Y a-t-il un espoir pour mon espèce ? » Le Créateur fit oui de la tête et dit : « Oui, mon enfant. Bien sûr. » Puis vinrent le taureau, le chien et l'éléphant. Ils pleuraient tous et posèrent la même question. Et le Créateur leur dit : « Il y a de l'espoir pour chacun de vous. » Puis l'homme s'avança avec la même requête. Le Seigneur Brahma regarda l'homme, et soudain, le Créateur Lui-même fondit en larmes. » L'histoire souleva des éclats de rire. Quand ils furent calmés, Amma dit : « C'est aujourd'hui *Tiruvatira*. Nous sommes censés chanter la gloire de Shiva et de Parvati. Chantons et dansons. » Spontanément, Amma se mit alors à chanter dans un état de suprême dévotion. Avec beaucoup d'amour et de ferveur, tous reprirent le *bhajan* en chœur. Le chant célèbre les louanges du Seigneur Shiva et de la déesse Parvati. Amma chanta plusieurs fois le refrain sur un rythme rapide.

Indukaladhara

Shambho Shankara Shambo Shankara
Shambo Shankara Shiva Shambo

Ô Seigneur Shiva
Qui porte sur la tête le croissant de lune,
Qui garde le Gange sacré
Dans les boucles de Ses cheveux emmêlés,
Dont le corps est orné de serpents
Et dont le parfum est divin.
Je me prosterne aux Pieds sacrés
De ce Seigneur suprême.

Ô Seigneur, Toi la cause primordiale,
Toi qui es plein de compassion envers Tes dévots
Grand Dieu qui accorde des bienfaits
Toi qui tiens le trident
Et dont même les êtres célestes adorent les Pieds
Ô Toi qui détruis toute douleur,
Shambo Shankara…

Ô Seigneur de l'univers
Je prends refuge à Tes Pieds,
Ô Seigneur, Bien-Aimé de Parvati
Toi qui es rempli de compassion
Délivre-moi de mes souffrances infinies
Et donne-moi refuge à Tes Pieds.

Tous semblaient en extase. Soudain, Amma se leva et se mit à danser. Les dévots se levèrent aussi, formant un cercle parfait autour d'Amma, chantant à pleine voix et frappant dans leurs mains. Pendant qu'ils reprenaient *Shambo Shankara Shambo Shankara...* ils se déplaçaient lentement et en mesure autour d'Amma qui restait au centre du cercle, dansant dans la béatitude suprême.

Vivre auprès d'un grand Maître est une expérience indescriptible, comme une fête ininterrompue. Chaque moment a le caractère d'une fête. En sanscrit, le mot fête se dit *utsavam*, dont la racine est *utsravam*, qui signifie monter et couler ou déborder et elles évoquent le débordement de la pure béatitude, de la pure conscience. Cela est particulièrement vrai des fêtes célébrées dans les temples, qui symbolisent le débordement de l'énergie et de la béatitude spirituelles. La prière, la méditation, les rituels et les litanies engendrent dans le temple une énergie spirituelle qui le remplit. Cette énergie déborde ensuite l'enceinte sacrée pour se répandre sur le village ou la cité, purifiant l'environnement. Tel est le principe des fêtes annuelles célébrées dans les temples.

En présence d'Amma, cela arrive sans cesse car sa présence est un flot infini d'énergie divine qui s'écoule de son être vers le cœur des dévots. Ils ressentent cette énergie divine et s'y désaltèrent. Cela se produit maintenant, à tout instant.

Les chants et les danses continuèrent jusqu'à ce qu'Amma sorte du cercle pour se diriger vers le sud de l'ashram, au bord de la lagune. Aussitôt, comme si on avait appuyé sur un interrupteur électrique, les femmes cessèrent leur danse. Chacun s'efforçait de voir ce qu'Amma allait faire mais nul ne la suivit, car elle donnait l'impression de vouloir être seule. Un des plus anciens *brahmacharis* pria les dévots de partir et d'aller méditer. Quelques minutes plus tard, l'assemblée s'était dispersée. La nuit fut consacrée à la méditation et à la prière.

Chapitre 15

L'attachement à la forme du guru est-il important ?

Amma répondait à une question posée par un des dévots occidentaux.

Question : « Amma, certaines personnes sont très attachées à ta forme extérieure. Elles ont tant d'amour pour toi qu'elles éprouvent toujours le désir intense d'être en ta présence, tandis que d'autres n'ont pas cette forme d'attachement, bien qu'elles aspirent sincèrement à réaliser Dieu. Elles t'aiment, mais craignent que l'attachement à ta forme les fasse souffrir et se tiennent donc à distance. Amma, je me demande s'il est absolument nécessaire de s'attacher à la forme physique du Maître ou bien s'il suffit d'aspirer à réaliser Dieu, sans attachement à la forme extérieure ? »

Amma : « La qualité essentielle d'un *sadhak* est une attitude de complet abandon de soi et d'acceptation totale. Dans les débuts de la vie spirituelle, il est difficile de s'abandonner et de tout accepter, surtout si personne n'est là pour vous guider ni vous servir d'exemple. Il faut au moins avoir la volonté de s'abandonner. Mais à qui ? Et que faut-il abandonner ? La confusion peut toujours surgir sur ces deux points. Et comment ? Jusqu'à la réalisation, vous ne pouvez avoir qu'une vague idée des différents aspects de la spiritualité. Des doutes se lèvent toujours dans le mental instable et soupçonneux. Si personne n'est là pour vous guider, vous sombrerez dans la confusion et vous vous égarerez aisément, sans savoir vers qui vous tourner. Donc, au départ surgit le besoin d'un Maître, de quelqu'un avec qui vous puissiez établir une relation, qui vous enseigne le véritable abandon de soi et l'acceptation. Cela n'a rien à voir avec un enseignement intellectuel et vous ne l'apprendrez ni dans les livres, ni à l'école ou à l'université. Ces qualités se développent grâce à l'inspiration formidable que vous recevez à travers la présence du Maître, car celui-ci est l'incarnation de toutes les qualités divines. Vous pouvez observer chez lui l'abandon de soi et l'acceptation véritables. Vous avez ainsi un exemple réel dont vous pouvez vous inspirer, quelque chose de tangible à quoi vous accrocher. Sa présence possède un immense pouvoir, elle transforme et inspire. Cette présence crée en vous un amour profond pour le *guru* et un lien puissant se développe entre vous. C'est lorsque l'amour pur jaillit en vous que naissent d'ordinaire l'abandon de soi et l'acceptation.

Comme une Mère aimante

Dans les débuts de la vie spirituelle règne l'attitude suivante : « Je suis Ton dévot, Ton disciple, Ton serviteur, ou Ton amant et Tu es mon Seigneur, mon Maître ou mon Bien-aimé. » Lors de cette période initiale, on est « amoureux » du Maître et on ne peut pas transcender la forme. L'attachement à la forme extérieure est si fort que l'on ne désire pas aller au-delà. Comme il s'agit du stade initial, vous apprenez lentement l'abandon de soi et l'acceptation, mais de manière encore incomplète. Du point de vue spirituel, vous n'êtes qu'un nouveau-né car vous ignorez tout du monde de la spiritualité. Comme un nourrisson ne boit que le lait de sa mère et ne connaît que la chaleur de son sein, le bébé spirituel en vous ne connaît que la forme et la proximité physique de son Maître.

Pour vous, sa forme extérieure résume l'univers de la spiritualité et vous y êtes extrêmement attaché. Vous éprouvez le besoin de sa présence physique, de sa chaleur, et vous en aurez toujours soif.

Comme le bébé ne sait que pleurer pour exprimer ses besoins, qu'il ait faim, soif ou qu'il souffre, la seule façon d'exprimer son cœur dans les débuts de la vie spirituelle, c'est de verser des larmes de désir intense. Par son amour, le Maître vous lie à lui et devient le centre absolu de votre vie. Cette expérience d'amour divin et inconditionnel vous laisse sans voix. Vous vous contentez de verser des larmes silencieuses d'amour et de désir ardent.

L'enfant spirituel naît à un monde étrange et inconnu. Un bébé a besoin de la chaleur et du lait de sa mère. Celle-ci connaît le cœur de l'enfant et pourvoit à ses besoins. Lorsqu'il a faim, la poitrine de la mère se remplit spontanément de lait. Elle sait intuitivement si son enfant souffre ou est mal. Si ses vêtements sont souillés, la mère vient, le lave et le change. Le bébé s'endort en écoutant la voix de sa mère qui lui chante une magnifique berceuse. Bref, il ne peut vivre sans elle. Une mère ou une figure maternelle est absolument indispensable à la croissance saine d'un enfant. Une vraie mère ne nourrit pas seulement le corps de l'enfant mais aussi son mental. Le monde de l'enfant tourne autour de sa mère et il dépend complètement d'elle. À ses yeux, elle est la plus belle personne au monde. Sa mère constitue la trame de tous ses rêves, de tout ce qu'il imagine, tant il lui est attaché.

Ainsi, au commencement de la vie spirituelle, le Maître spirituel est tout pour le *sadhak*. Il n'est donc pas exagéré d'affirmer que le *guru* représente tout pour un véritable disciple, qu'il est même plus que Dieu.

Comme une mère constitue l'univers entier de son bébé, un vrai Maître est tout pour le *sadhak* débutant, pour le nouveau-né sur le chemin spirituel. Et la sollicitude du *guru* envers son enfant spirituel est encore plus grande que celle d'une mère.

185

Dans les débuts de la spiritualité, le disciple se trouve dans le rôle d'un nourrisson vis à vis du Maître. Pour lui, la spiritualité tout entière tient dans une coquille de noix : « Mon Maître, mon Tout. » Ce dernier constitue le centre de ses rêves et de ses aspirations dans le domaine spirituel. Le disciple lui est extrêmement attaché ; constamment, il désire son amour et son affection, son attention et sa chaleur, et souhaite rester en sa présence. Il est incapable d'imaginer une vie sans lui. C'est un sentiment naturel et spontané chez un dévot ou un disciple.

Mais le nourrisson ne reste jamais éternellement un bébé ; grâce aux soins aimants de sa mère, il grandit. L'enfant spirituel grandit lui aussi sous la direction de son Maître, mais sa croissance est intérieure. À mesure qu'il croît, le Maître abandonne le rôle de la mère pour jouer celui du père et commence à imposer une discipline au *sadhak*, afin de lui enseigner le détachement, l'abandon de soi et l'acceptation, non seulement envers la forme extérieure du Maître mais envers l'ensemble de la création. Le *Satguru* n'est pas limité au corps — il est la puissance qui rayonne en et à travers toute chose et il enseigne donc au disciple à se prosterner humblement devant l'ensemble de la création. Cette formation permet au *sadhak* de dépasser son étroitesse d'esprit pour accéder à un niveau supérieur, à une vision plus vaste. Il comprend alors que l'existence entière n'est rien d'autre que son Maître. Ce dernier lui inculque qu'il n'est pas limité à sa forme humaine, mais qu'il est la Conscience unique, substrat de la création entière. Au fur et à mesure que le disciple croît, le Maître le rend de plus en plus indépendant, c'est-à-dire qu'il dépend alors de son propre Soi.

Dans le stade ultime de l'amour, l'amante et le Bien-aimé se fondent. Il existe même encore au-delà un état où il n'y a plus ni amour, ni amante, ni Bien-aimé. Cet état est inexprimable. C'est vers lui que le Maître vous guide.

Les mots ne sauraient décrire les voies d'un *Satguru*. Contrairement à une mère de ce monde, un vrai Maître ne lie jamais le disciple à lui. Bien au contraire, il l'emmène au-delà des limitations et des attachements du corps pour le rendre totalement indépendant et libre. L'attachement au corps du *guru* vous permettra d'accéder finalement à un détachement et à une liberté absolus. Bien que le disciple nourrisse au stade initial de son développement un fort attachement à l'égard de la forme extérieure du Maître, on ne peut appeler cela un lien. Deux personnes qui se trouvent sur le plan de la conscience physique s'enchaîner mutuellement, mais un véritable *guru* ne peut lier personne car il n'est pas le corps. Il n'est pas « personnel » au sens où nous pensons à nos amis ou à d'autres personnes. Il est à la fois personnel et impersonnel. Il y a un lien lorsque vous n'êtes attaché qu'au corps de la personne. Quand vous aimez la forme extérieure du Maître, ce n'est pas un individu limité mais la pure Conscience que vous aimez, et le Maître vous le révèle peu à peu. À mesure que vous vous éveillez intérieurement, à mesure que vous prenez conscience de la véritable nature du *guru*, sa nature omniprésente se dévoile graduellement à vous. Vous saurez enfin qu'il n'est pas limité au corps, qu'il est *l'atma shakti* immanente à tout objet. Le Maître lui-même vous fera accéder à cette expérience. Sa grâce vous permettra finalement de transcender tous les liens. C'est pourquoi Amma déclare que l'attachement à la forme extérieure du *guru* ne peut jamais vous lier. »

Un Maître véritable détruit toute souffrance

Question : « Amma veut-elle dire que l'attachement à la forme extérieure du Maître est nécessaire ? Mais qu'en est-il de la souffrance dont parlent certaines personnes — la souffrance engendrée par cet attachement ? »

Amma : « Amma ne comprend pas ces idées étranges. Vous dites que mieux vaut éviter de s'attacher à la forme du Maître parce que cela est cause de souffrance. Mes enfants, pouvez-vous montrer à Amma une seule personne en ce monde qui ne souffre pas ? Les gens sont dans une douleur constante, qu'elle soit mentale ou physique. Interrogez qui vous voudrez, il vous dira : « Mon corps souffre tant » ou « Mes sentiments sont blessés » ou « Un tel m'a traité sans aucun respect et j'ai le sentiment d'avoir été insulté. » Qui n'est pas en proie à la douleur ? Les gens ont mal dans leur corps ou dans leur âme. Que savez-vous de la souffrance ? La douleur n'est pas limitée au corps physique. Les blessures intérieures sont bien plus déchirantes. Il n'est donc pas logique de déclarer que l'attachement à la forme extérieure du Maître vous fera souffrir. Vous portez en vous de profondes blessures venues du passé. Ces lésions et les tourments qui en découlent sont le résultat de votre attachement excessif aux plaisirs de ce monde. Vous ne vous préoccupez pas de ces plaies infectées, remplies de pus, et de la douleur qu'elles provoquent. Ces blessures demeurent, et nul ne peut les guérir car vous portez les meurtrissures et les tendances de vos vies passées. Elles ne datent pas de cette vie et aucun docteur ou psychothérapeute ne peut les soigner car il leur est impossible de pénétrer assez profond dans votre mental pour les traiter. Ces blessures et ces tendances sont profondément enfouies en vous ; elles sont très anciennes et vous rongent peu à peu de l'intérieur.

Les gens se tournent vers des spécialistes pour atténuer leur douleur intérieure mais tous les experts du monde, médecins, scientifiques, psychologues... tous sont limités à leur propre mental, au petit monde créé par leur ego. N'ayant pas plongé dans leur propre mental pour l'explorer, comment pourraient-ils plonger dans celui des autres ? Tant qu'ils sont sous l'emprise du mental et de l'ego, comment pourraient-ils aider autrui à les transcender ? Eux aussi, comme vous, ont de profondes blessures et de fortes tendances latentes. Ils ne peuvent soigner vos lésions ni vous délivrer de la douleur. Seul un Maître authentique, parfaitement libre de telles limitations et ayant dépassé le mental, a la faculté de pénétrer dans votre mental et de traiter toutes ces plaies ouvertes, de détruire les fortes tendances latentes et les vieilles habitudes.

Il est étrange d'entendre que certains craignent de s'attacher à la forme du Maître par peur de souffrir. Vous ressentez déjà une immense douleur, en vérité, vous êtes l'incarnation d'une souffrance profonde, atroce. L'attachement à la forme du Maître ne peut créer aucune douleur, car il n'est pas un objet, il n'est pas non plus un corps ou un ego. Il est au-delà et ne peut vous blesser ni vous imposer quoi que ce soit. Il est pareil à l'espace, au ciel infini, et l'espace ne peut vous meurtrir. Ne projetez donc pas vos idées préconçues sur le *guru* et n'essayez pas de le juger. Le mental est par nature dans l'illusion, incapable de porter aucun jugement sain. Vos conceptions et vos opinions n'appartiennent qu'à vous et n'ont rien à voir avec le *Satguru* qui est au-delà du mental. Un mental peut à la rigueur évaluer un autre mental, mais il ne peut pas juger ce qui le dépasse. Un mental ou un ego peut en blesser un autre, mais celui qui a transcendé le mental ne saurait nuire à qui que ce soit car une telle âme n'a pas d'ego et ne juge personne. Votre souffrance demeure en vous, elle ne vient pas du Maître.

Lorsque vous êtes en présence d'un *Satguru*, toute votre souffrance remonte. Elle était enfouie en vous et maintenant, elle se manifeste, car le Maître est comme le soleil, un soleil spirituel. En sa présence, il n'y pas de nuit, la lumière du jour règne constamment. Quand le soleil du *guru* brille, il pénètre profondément dans votre mental et dans cette lumière, vous voyez tout ce qui gît en vous. Vous voyez l'enfer qui se cache en vous et une fois que vous l'avez vu, vous savez qu'il existe. Il a toujours existé, mais vous l'ignoriez. Comment peut-on se libérer de sa souffrance cachée sans connaître son existence ? Il est important de savoir que l'origine de la douleur se trouve en soi, qu'elle ne vient pas de l'extérieur. Jusqu'alors, vous pensiez qu'elle était provoquée par des facteurs extérieurs : des relations brisées, des désirs insatisfaits, la mort d'un être cher ou la colère d'autrui, les insultes ou les injures. Mais sa source réelle est à l'intérieur de vous. Et maintenant, dans la lumière de l'infinie gloire spirituelle du Maître, cela vous est clairement révélé. Vous comprenez que la souffrance demeure en vous.

Rappelez-vous que le Maître ne vous laissera pas seul. Il vous aidera en utilisant son énergie spirituelle infinie. Il guérira vos blessures.

La souffrance ne provient donc pas de votre attachement à la forme extérieure du Maître, elle est créée par le mental et par les tendances négatives. Comprenez la nature de votre douleur et coopérez avec le *guru*. Il est le divin médecin dont la puissance et l'énergie sont inépuisables.

Rappelez-vous que vous êtes un patient qui a besoin d'une importante opération. Mais n'ayez crainte, vous pouvez avoir une confiance totale en ce chirurgien. Ayez en lui une foi entière. Vous êtes dans sa salle d'opération. Laissez-le faire, coopérez avec lui et ne luttez pas. Restez tranquille, ne bougez pas. Bien sûr, il n'opérera pas sans anesthésie. L'amour inconditionnel et la compassion qu'il exprime de tout son être agissent comme une anesthésie et vous préparent à l'opération.

Une fois que le Maître a commencé à opérer, il ne vous laisse plus partir, car aucun médecin ne laisserait son malade s'en aller au beau milieu d'une intervention. D'une façon ou d'une autre, il s'arrange pour que vous restiez sur la table d'opération car il serait dangereux de vous laisser partir à ce moment-là. Le *Satguru* ne vous permettra pas de fuir. Mais la chirurgie à laquelle il se livre n'est pas très douloureuse, comparée au pire stade de votre maladie et si l'on songe à la béatitude suprême et aux autres bienfaits que vous en retirerez. L'amour débordant du Maître et sa compassion atténueront beaucoup la douleur. Le *Satguru* est uni à Dieu, vous baignerez donc dans l'amour et la compassion de Dieu.

Le Maître n'est pas celui qui inflige la douleur ; il est celui qui la détruit. Son intention n'est pas de vous apporter un soulagement temporaire, mais définitif — pour l'éternité. Cependant, pour une raison mystérieuse, les gens souhaitent conserver leur souffrance. Bien que la béatitude suprême soit notre nature, les gens, dans leur état d'esprit actuel, paraissent goûter leur souffrance, comme si elle était devenue une partie naturelle de leur être.

Lisant dans la main d'un client, un diseur de bonne aventure prédit un jour : « Jusqu'à l'âge de cinquante ans, votre vie sera pleine de chagrins et de souffrances. La douleur et les tourments du mental ne vous laisseront pas de trêve. » « Et après cinquante ans ? » demanda le client. « La cinquantaine passée, cela deviendra votre seconde nature, » répondit froidement l'homme de l'art. »

De grands éclats de rire saluèrent la fin de l'histoire et Amma elle-même rit. Elle ajouta : « La nature humaine semble presque devenue conforme à ce tableau. Les gens souffrent et s'identifient pour ainsi dire à cette douleur, tant et si bien qu'ils n'en ont pas conscience et ne veulent pas non plus vraiment en sortir. »

Le *brahmachari* qui avait posé la question dit : « Amma, j'ai encore une autre question. » Il la regarda pour voir sa réaction, car elle reste parfois muette, sans répondre à aucune question. Elle se comporte souvent de façon surprenante et imprévisible. Nul ne sait quand elle choisira de parler ou de se taire. Au milieu d'un échange d'idées animé, il lui arrive parfois de glisser dans un état de conscience infini. Ces états intérieurs sont au-delà de la compréhension humaine. Ils peuvent surgir n'importe où et à tout moment.

Nulle autre que la suprême Déesse

Quelques dévots émirent un jour le souhait d'emmener Amma voir un temple célèbre du Tamil Nadou, consacré à Dévi. Ces événements se déroulèrent vers le milieu de l'année 1977. À l'époque, Amma perdait souvent totalement conscience du monde extérieur. Elle n'avait alors plus la moindre notion de son corps.

La famille qui souhaitait lui montrer ce temple éprouvait une grande dévotion envers elle. Il n'y avait pas alors autant de monde qu'aujourd'hui autour d'Amma. Les dévots ne venaient que pour le *Bhava darshan* et le matin suivant, lorsque tout était terminé, ils conviaient souvent Amma à leur rendre visite. Elle acceptait parfois et passait un jour ou deux avec eux. Ils espéraient, en l'invitant, pouvoir prendre soin d'elle et lui permettre de se reposer. En ce temps-là, Amma ne mangeait ni ne dormait jamais si quelqu'un ne lui rappelait pas de le faire au moins de temps en temps, en insistant au besoin et en l'importunant. Mais même ainsi, c'était très difficile. Elle ne se souciait jamais de ses besoins physiques. Elle était la plupart du temps en extase.

Trois nuits par semaine, elle manifestait les Krishna et les Devi *Bhava* (le mardi, le jeudi et le dimanche). Ces jours-là, Amma passait douze à treize heures à recevoir les gens. Les jours de *Bhava darshan*, les *bhajans* commençaient à quinze heures trente ou seize heures et se prolongeaient jusqu'à dix-huit heures. La première partie de la nuit était consacrée au *Krishna Bhava*, qui commençait vers dix-huit heures trente, et la deuxième partie au *Devi Bhava*. S'il y avait deux mille visiteurs, ils venaient à elle deux fois, d'abord pour le *Krishna*, puis pour le *Devi Bhava*, qui se terminait parfois à sept ou huit heures du matin.

Seules quelques familles étaient alors réellement proches d'Amma, c'est-à-dire qu'elles seules avaient la chance de comprendre qu'elle se trouvait dans l'état de réalisation spirituelle le plus élevé. La famille qui l'avait invitée au célèbre temple de Dévi était l'une d'entre elles. Au départ, Elle ne manifesta pas le moindre intérêt, puis elle finit, comme toujours, par céder à leurs innocentes prières.

À propos des temples, Amma a déclaré : « Le temple extérieur est pour ceux qui n'ont pas encore perçu la présence constante de Dieu dans leur propre cœur. Pour celui qui réalise cette vérité, la présence divine emplit tout, l'intérieur comme l'extérieur. Chaque lieu, chaque centimètre carré de l'univers devient alors un temple. »

Amma illustre ce point par l'histoire suivante :

« Namdev était un dévot très avancé de Sri Krishna. Le Seigneur Lui-même lui enjoignit d'aller trouver Vishoboukechara — un être éveillé — et de le servir. Celui-ci résidait dans un temple consacré à Shiva, en bordure d'un village. Arrivé dans le temple, le dévot vit un vieil homme allongé dans le sanctuaire, les pieds posés sur un Shiva *lingam*. À la vue d'un tel sacrilège, Namdev, furieux, frappa bruyamment dans ses mains pour réveiller le vieillard. Entendant le bruit, celui-ci ouvrit les yeux. Il regarda le nouveau venu et dit : « Eh oui ! Tu es Namdev et c'est Vittala[15] qui t'a envoyé, n'est-ce pas ? » Stupéfait, le dévot se rendit compte qu'il était devant une grande âme. Pourtant, il y avait quelque chose qu'il ne comprenait pas et il dit au vieil homme : « Tu es sans aucun doute un *Mahatma*, mais je ne comprends pas pourquoi tu as les pieds posés sur le Shiva *lingam*. »

« Oh, ils reposent sur le *lingam* ? Je ne m'en étais pas aperçu. S'il te plaît, déplace-les, je suis trop fatigué », dit le saint. Namdev souleva les jambes du vieil homme pour les enlever du *lingam* et les poser sur le sol, mais quel ne fut pas son étonnement en voyant apparaître un nouveau *lingam*, quel que soit l'endroit où

---

[15]   Un aspect de Krishna, adoré dans cette région sous la forme d'un enfant nommé Vittala.

il mît les pieds du saint. Il fit plusieurs tentatives, mais toujours, à l'endroit exact touché par les pieds du *Mahatma*, surgissait un *lingam*. Namdev finit par les poser sur ses genoux ; il atteignit à cet instant l'état de Shiva.

Un *Mahatma* est Dieu Lui-même. Il n'a nul besoin d'aller au temple ni dans aucun lieu de culte car l'endroit où il se trouve devient par là même sacré. Mais pour montrer l'exemple, il lui arrive de se rendre dans des lieux saints. »

Amma alla donc visiter le temple pour le bonheur des dévots. Parvenus à destination, ils marchèrent jusqu'à l'entrée. De là, on voyait clairement, dans l'encadrement de la porte menant au sanctuaire, la statue de *Devi*, la Mère divine. Lorsqu'Amma la vit, elle entra aussitôt en *samadhi* et demeura parfaitement immobile pendant plus d'une heure et demie. Cet état effraya les membres de la famille. Amma restait au même endroit, immuable comme une montagne. La position dans laquelle elle restait figée ne manqua pas de les surprendre : c'était exactement la même que celle de la Mère divine dans le sanctuaire.

Les dévots se demandaient comment ramener Amma à la conscience extérieure normale, quand une femme d'âge moyen s'approcha. Son visage respirait la dignité, et elle paraissait également posséder une dévotion profonde et sincère. Elle s'adressa au chef de famille d'un ton sans réplique : « Ne vois-tu pas que celle-là (montrant *Devi* dans le sanctuaire) et celle-ci (montrant Amma dans un état de profond *samadhi*) sont une ? Chantez le *Minakshi stotram* ! » Ses paroles avaient un tel caractère d'authenticité que le chef de famille, spontanément, se mit à psalmodier en sanscrit l'hymne ancien à la gloire de la Mère divine.

Minakshi stotram

Ô Sri Vidya
Épouse de Shiva

Adorée par le Roi des rois,
Incarnation de tous les gurus,
À commencer par le Seigneur Vishnou,
Coffre au trésor de Chintamani
Divin joyau qui exauce tous les désirs,
Toi dont les déesses Sarasvati et Girija adorent les pieds,
Parèdre de Shambo, doux cœur de Shiva,
Toi qui brilles comme le soleil de midi,
Fille du Roi Malayadvaja,
Sauve-moi, Ô Mère Minakshi.

Pendant la récitation du *stotram*, la femme pria profondément, gardant les yeux clos et les paumes jointes.

Au bout de quelques minutes, Amma revint à la conscience normale, mais elle resta au même endroit, se balançant doucement d'une jambe sur l'autre. Son regard était toujours fixé sur la statue de *Devi*, ou bien ailleurs ; il était impossible de dire où exactement. Les dévots arrêtèrent de chanter.

La femme inconnue qui leur avait dit de psalmodier le Minakshi *stotram* tomba aux pieds d'Amma et y demeura longtemps, jusqu'à ce que celle-ci se penche pour la relever. Tandis qu'elle regardait son visage, Amma rayonnait d'un amour extraordinaire. La femme semblait dans un état de béatitude ; Amma la regarda un long moment, puis doucement, posa sa tête contre son épaule, où cette femme versa des larmes de béatitude. Nul ne savait qui elle était ni d'où elle venait.

Cet épisode n'est que l'un des innombrables incidents de ce type qui se sont produits autour d'Amma. Cette femme arriva à cet instant au temple comme un messager divin venu rappeler à tous, et surtout aux dévots, qu'Amma est la déesse suprême elle-même.

C'est pourquoi le *brahmachari* qui désirait poser une autre question s'interrompit soudain pour regarder Amma. Il voulait s'assurer qu'elle était dans un état de conscience normal. Lorsqu'il vit qu'elle était prête à répondre, il reprit la parole.

L'attachement au Satguru est un attachement à Dieu

Question : « Amma, je me demande encore s'il est nécessaire de s'attacher à la forme extérieure du *guru* ou s'il suffit d'aspirer à réaliser Dieu pour atteindre le but ultime ? »

Amma : « Mes enfants, rappelez-vous tout d'abord que s'attacher au Maître, c'est s'attacher à Dieu. Votre problème, c'est que vous tentez de distinguer entre Dieu et un *Satguru*. Quand vous êtes attaché à la forme physique d'un Maître, votre aspiration à réaliser le Suprême devient plus intense. Cela revient à vivre avec Dieu. Le *guru* facilite beaucoup votre voyage spirituel, il est à la fois le moyen et le but. Mais il faut aussi fournir un effort conscient pour voir le Maître dans l'ensemble de la création. Vous devez également faire de votre mieux pour obéir aux paroles du *guru* et suivre ses instructions.

Avez-vous la moindre idée de ce qu'est Dieu ou de l'état suprême de réalisation ? Vous en avez entendu parler, vous avez lu des textes à ce sujet, mais c'est tout. Vous n'avez fait que lire et entendre des mots, mais l'expérience se situe bien au-delà. Il s'agit d'un mystère incompréhensible.

Il est impossible d'accéder à la conscience divine à travers les sens ou grâce à l'enseignement des Écritures. Le seul moyen est de développer un œil neuf, l'œil intérieur ou troisième œil. Les deux yeux que vous possédez maintenant devraient se fondre et ne plus faire qu'un. Alors seulement, vous pourrez voir Dieu. Cela signifie que même en regardant avec vos deux yeux, vous ne contemplez pas le monde de la dualité. Celle-ci disparaît et vous percevez l'unité de la création, l'univers entier. L'œil intérieur, l'œil de la connaissance, ne peut être ouvert que par un vrai Maître. »

Cette déclaration d'Amma nous rappelle une citation fameuse de Krishna, le *Satguru*, à Son disciple Arjouna :

> « Tu ne peux Me voir avec ton œil physique. Je t'accorde donc le don de la vision divine. Contemple Ma puissance en tant que Seigneur de l'univers. »
>
> — *Bhagavad Gita, Chapitre 11, verset 8*

Amma reprit : « Vous avez peut-être le désir de réaliser Dieu, mais qui sait pour combien de temps ? À moins que vous ne soyez un élève très doué, votre désir perdra de son intensité. Votre aspiration sera fluctuante, parfois intense, parfois absente. Même si vous êtes capable de la maintenir, vous nourrirez peut-être encore le violent désir de profiter des plaisirs de ce monde. Vous ignorez comment équilibrer le monde intérieur et le monde extérieur. Si le Maître n'est pas là pour vous guider de temps en temps, il se peut que vous quittiez le bon chemin pour vous égarer dans une mauvaise direction, ou bien que vous vous arrêtiez au milieu du voyage pour retomber dans le monde. Vous perdrez la foi, en songeant qu'il n'existe rien de tel que Dieu ou la réalisation du Soi.

L'attachement à la forme extérieure du Maître est comparable à celui des *gopis* pour Krishna, à celui d'Hanouman pour Rama ou à celui que les disciples de Bouddha ou de Jésus avaient pour eux. Ces disciples vivaient avec Dieu. Vivre en présence physique d'un vrai Maître en chérissant sa forme revient à vivre avec la pure Conscience, avec le Suprême, et à lui être attaché. C'est une source d'inspiration qui suscite en vous une immense aspiration, dont vous réussissez à maintenir l'intensité. Sous l'œil vigilant du Maître, vous ne pouvez dévier du chemin, à condition d'avoir foi en ses paroles, de vous y soumettre et d'obéir.

Être attaché à la forme d'un *Satguru* équivaut à être en contact direct avec la vérité. Sa présence rayonne le Divin avec une telle force que vous le sentez dans votre cœur, que vous le voyez de vos yeux et que vous le percevez partout. C'est une sensation tangible, que l'être entier du Maître contribue à vous donner : lorsque vous regardez dans ses yeux, quand il vous touche, quand vous observez ses actes et écoutez ses paroles.

Tous les humains désirent s'attacher à quelqu'un, ami ou amie, épouse ou époux. Les enfants s'accrochent à leurs parents, à leurs jouets, ou bien réclament la compagnie de leurs frères et sœurs ; les gens désirent avoir des amis. Il existe une multitude d'objets qui ne servent qu'à occuper le mental humain. Les sociétés et les hommes d'affaires créent sans cesse de nouveaux produits dans ce seul but. Dans leur quête du bonheur (c'est-à-dire, dans la nécessité où ils se trouvent d'apaiser leur mental), les gens courent d'un objet à un autre. Comme ils se lassent vite d'un objet, les voilà contraints de courir après un autre et cette quête n'a pas de fin.

Lorsqu'un produit nouveau, prenez par exemple un film, sort sur le marché, le mental émoustillé désire le voir. Plus vous en entendez parler, plus votre désir grandit. Une fois le désir satisfait, le mental cesse un moment de vous harceler, jusqu'à ce qu'un autre objet l'occupe, film ou autre. Telle est la nature du mental : il est incapable de rester silencieux, de demeurer en lui-même et d'être heureux. S'il n'a rien à quoi s'accrocher, vous voilà extrêmement agité. Le mental crée une longue chaîne d'attachements. Les gens vivent dans un monde imaginaire et bâtissent des châteaux en Espagne. S'ils n'ont pas la possibilité de rêver, si rien ne vient occuper leur esprit, ils sombrent dans la folie ou se suicident.

Vous finirez immanquablement par vous lasser des objets et des expériences que le monde vous offre. Ils ne vous satisfont jamais longtemps. Le mental passe constamment d'un objet à l'autre et vous oblige à bouger ; il vous force à sauter d'une chose à l'autre. Toute situation limitée à ce monde provoque votre ennui, car les exigences du mental sont incessantes. C'est pourquoi les gens, en Occident, changent de partenaire, de femme ou de mari, essayent une nouvelle maison dans une ville différente. Ils aspirent à des choses et à des relations nouvelles car ils se fatiguent aisément de ce qui est ancien et familier. Attaché à mille objets divers, le mental vous tire dans toutes les directions.

Comme il ne cesse d'osciller et qu'il est rempli de négativité, l'aspiration spirituelle que vous ressentez aujourd'hui pourrait bien elle aussi disparaître car elle provient du mental. Vous serez un beau jour saisi par l'ennui ; telle est la nature du mental : il se lasse de tout et désire toujours quelque chose de nouveau. Si vous n'avez rien à quoi vous raccrocher rien à quoi vous relier, la vie spirituelle finira elle aussi par l'ennuyer. Pour le stabiliser et le calmer, vous avez besoin de vous attacher à quelque chose de supérieur à lui. Le mental est le lieu le plus bruyant du monde. Il n'est jamais tranquille, à moins qu'il n'ait un réel support de contemplation ou de méditation. Mais ce support ne doit pas être un objet familier, car alors il s'en lassera vite.

Votre désir de réaliser Dieu n'est peut-être qu'un attachement parmi d'autres. Vous ne sauriez résister longtemps à de fortes tentations. Dans votre état d'esprit actuel, vos autres attachements sont beaucoup plus forts que celui que vous éprouvez pour la réalisation de Dieu. L'aspiration que vous ressentez pourrait avoir sa source dans un moment qui vous a particulièrement inspiré, éveillant votre enthousiasme et votre désir. Elle pourrait disparaître bientôt car l'ennui surviendra sans faillir, à moins que vous n'éprouviez une attraction beaucoup plus puissante et tentante. Cette attraction est votre attachement à la forme du Maître. Il contrebalance tous les autres. Lorsque vous êtes attiré par la forme du Maître, que vous la chérissez, vous développez un pouvoir spécial de résister à toutes les autres attractions.

Comme la présence physique du *Satguru* rayonne de divinité, il n'y a aucun risque d'ennui, car celui-ci ne survient que quand le mental se préoccupe des objets, des expériences et des idées du monde. Ils sont par nature incapables de nous procurer le vrai bonheur et engendrent donc facilement l'ennui. Mais un *Satguru* est la source même de la béatitude éternelle et du bonheur. Son être est immortel et celui qui se montre assez curieux peut, en sa présence, voir l'infini se manifester d'innombrables façons. L'ennui survient donc rarement en présence du Maître. Il est l'incarnation du Divin et celui qui est réceptif à sa présence, qui est divine, ne s'en lasse pas. L'attachement à la forme physique du Maître remplit le cœur du disciple d'amour, d'enthousiasme, de contentement, et lui insuffle un sentiment de fraîcheur. Le *guru* lui-même instille ces qualités chez le *sadhak*. Si celui-ci est en proie à la dépression et au découragement, le Maître le tire de cet état négatif grâce à son amour inconditionnel et à sa compassion, ou bien en lui accordant une expérience qui l'inspire, l'encourageant ainsi à avancer avec une détermination et un enthousiasme neufs. Cela permet au disciple d'affermir le mental et de calmer le brouhaha des pensées car la présence d'un Maître est le seul endroit où l'esprit agité puisse se reposer à jamais, sans connaître l'ennui.

La spiritualité n'est pas un phénomène observable, comme le soleil et la lune, les montagnes et les rivières. La spiritualité est foi. Seule une foi entière et sans faille peut nous aider à atteindre le but.

Tout être humain est de nature soit intellectuelle, soit émotionnelle. Il est difficile aux intellectuels de croire car ils n'ont foi qu'en les choses visibles. Comme Dieu est invisible, croire à son existence relève uniquement de la foi. Bien qu'il soit plus facile aux personnes à tendance émotionnelle de croire, leur foi n'est pas entière, il leur est malaisé de croire complètement. Leur foi n'est que partielle car leur mental doute. Bientôt en proie à l'ennui, ils se mettront en quête d'un nouvel objet auquel ils pourront attacher leur foi.

Pour croire, pour fortifier leur foi, les intellectuels comme les émotifs ont besoin du support d'un objet tangible et visible. Sinon, ils développent peut-être un certain intérêt, une certaine aspiration à réaliser Dieu, mais en peu de temps, s'ils n'obtiennent pas une expérience réelle, s'ils ne sentent pas la présence tangible du Divin, ils font demi-tour en disant : « Cela n'a aucun sens. Dieu, la réalisation de Dieu, cela n'existe pas. » Certes, leur mental et leur manque de patience constituent le problème ; s'ils ont cependant un support auquel se relier, ils y puiseront confiance et inspiration, ce qui les aidera à continuer sur la voie spirituelle et à vivre en accord avec ses principes. Cela n'est possible qu'en présence d'un Maître authentique, en développant une relation personnelle avec lui et en s'attachant à sa forme physique. On établit ainsi une relation avec Dieu, avec la Conscience suprême, avec son propre Soi. Cela n'a rien à voir avec l'attachement à un individu ordinaire ; c'est une relation qui vous aidera à demeurer détaché en toutes circonstances. Elle prépare le mental à effectuer le saut final dans la Conscience divine. »

Le silence régnait. Chargées de puissance, les paroles d'Amma semblaient résonner aussi bien dans le cœur des auditeurs qu'aux alentours, dans la nature. L'atmosphère spirituelle portait à la méditation, comme pour rendre tangible ce dont Amma venait de parler : l'importance de la présence physique d'un *Mahatma*, de l'attachement à sa forme et la nécessité d'établir une relation avec l'incarnation du Divin.

Chapitre 16

Amma, celle qui libère l'âme

Amma se trouvait dans la cocoteraie, devant le temple. Entourée d'une partie des résidents et de quelques dévots, elle s'entretenait avec eux de sujets variés. Soudain, elle se tourna vers Balou et dit : « Ottour-*mon (*fils*)* désire voir Amma. Amène-le ici. » Balou se leva pour aller chercher Ottour qui habitait dans une chambre construite spécialement pour lui, au-dessus des cellules de méditation souterraines, derrière le vieux temple.

Ottour Ounni Namboutiripadou était un érudit en sanscrit et un poète célèbre du Kérala. Il faisait autorité dans le domaine du Shrimad Bhagavatam, une œuvre qui décrit essentiellement les *avatars* de Vishnou, en particulier celui de Krishna et les jeux auxquels Il Se livrait dans Son enfance. Les beaux poèmes composés par Ottour à la gloire de Krishna sont célèbres dans toute l'Inde et les dévots les aiment beaucoup. Ottour avait remporté de nombreux prix, attribués par le gouvernement de l'Inde ou par celui du Kérala en reconnaissance de ses talents d'exégète du Srimad Bhagavatam aussi bien que de poète et d'écrivain. C'était un grand dévot de Krishna et il était étroitement associé au fameux temple de Gourouvayour, dans le Kérala.

Le chant qui suit permettra au lecteur de se faire une idée des œuvres inspirées du poète et de sa dévotion.

Kannante punya

Quand entendrai-je résonner à mes oreilles
Les noms propices de Kanna ?
Quand leur vibration fera-t-elle
Se dresser mes cheveux sur la tête,
Me laissant totalement plongé dans les pleurs ?

Baigné de larmes, quand atteindrai-je la pureté ?
Et dans cet état de pureté absolue,
Quand chanterai-je spontanément Ses noms ?

Emporté par l'extase du chant,
Quand oublierai-je ciel et terre ?
Oublieux de tout, quand danserai-je,
Mû par une pure dévotion ?
Et les pas de ma danse
Balayeront-ils les taches
Qui maculent la scène du monde ?

Jouant ainsi à danser,
Balayant toutes les taches,
Je pousserai un cri puissant ;
Ce cri enverra-t-il ma pureté
Aux quatre points cardinaux ?
La pièce terminée,
Quand tomberai-je enfin dans le giron de ma Mère ?
Et allongé sur Ses genoux,
Quand dormirai-je, plein de béatitude ?

Et dans mon sommeil,
Quand rêverai-je
De la forme magnifique de Krishna,
Qui demeure en mon cœur ?

Quand verrai-je Krishna,
Celui qui enchante le monde ?

Ce chant fut composé par le grand poète vingt-cinq ans avant l'incarnation sur terre de la Mère divine. Une histoire merveilleuse et très émouvante se rapporte à ce chant. Elle montre comment une incarnation divine exauce les prières sincères d'un véritable dévot, lorsqu'elles viennent du fond du cœur. Dans ce poème, il est dit : « *La pièce terminée, quand tomberai-je enfin dans le giron de ma mère ? Et allongé sur ses genoux, quand dormirai-je, plein de béatitude ?* »

C'est en 1983 qu'Ottour rencontra Amma. Il avait été invité à son trentième anniversaire. Alors qu'il se trouvait en visite à Trivandrum, il avait entendu parler d'elle par un de ses dévots. Aussitôt, il éprouva un désir intense et spontané de la rencontrer. Ottour avait le sentiment profond qu'Amma était l'incarnation aussi bien de la déesse suprême que de Sri Krishna, sa divinité d'élection. Il vint donc voir Amma pour son anniversaire, le 27 septembre 1983. Et dès qu'il l'eut rencontrée, Ottour, le vieux dévot, poète et érudit âgé de quatre-vingt-cinq ans, se transforma en enfant de deux ans, désirant constamment la sollicitude et l'attention de sa Mère. Il comprit qu'il était enfin parvenu à destination et décida de passer le reste de ses jours en présence d'Amma. Il se mit alors à composer des poèmes en son honneur. La relation entre Amma et le poète de quatre-vingt-cinq ans était unique, très particulière et extraordinairement belle. Amma appréciait grandement sa nature enfantine et elle lui donnait le petit nom de « Ounni Kanna » (bébé Krishna).

Comme un enfant, il demandait la permission d'Amma avant de faire quoi que ce soit. S'il voulait prendre un médicament précis, il demandait auparavant son autorisation. Même avant de changer de savon ou de régime alimentaire, il lui demandait son approbation. Il n'agissait qu'avec sa permission. Sinon, il ne changeait jamais rien à son mode de vie. Parfois, il désirait qu'Amma le nourrisse, parfois il souhaitait reposer sur ses genoux. Il arrivait souvent qu'on l'entendît appeler de toutes ses forces : « Amma ! Amma ! », depuis sa chambre. Il appelait dès qu'il éprouvait le besoin pressant de la voir. Si Amma se trouvait alors à proximité, elle allait lui rendre visite. Si elle était dans sa chambre ou plus loin, elle lui envoyait du *prasad* par Gayatri ou quelque autre messager.

Sachant que sa nature était celle d'un enfant, Amma envoyait parfois quelqu'un le chercher quand elle était dans la hutte en train de donner le *darshan*. Elle lui manifestait alors beaucoup d'amour et d'affection, le faisant asseoir tout près d'elle. En de tels moments, Ottour, qui se plaignait toujours de son état physique, oubliait ses souffrances. Il aimait rester auprès d'Amma, et il disait souvent : « Je reçois tant d'énergie lorsque je suis assis près d'Amma. »

Cette rare relation Mère-enfant dépasse la compréhension de l'intellect humain. Le poète renommé, âgé de quatre-vingt-cinq ans, appelant Amma, qui n'avait que trente ans à l'époque, « Mère », voilà qui est peut-être difficile à comprendre pour le mental. Comment l'intellect pourrait-il saisir un tel mystère ? Pour Ottour Ounni Namboutiripadou, Amma était à la fois son *guru* et Dieu. Il voyait en elle à la fois Sri Krishna, sa divinité d'élection, et la Mère de l'univers. Tous ses poèmes en l'honneur d'Amma, les cent huit noms qu'il écrivit, le montrent clairement. Voici un des chants qu'il composa en son honneur :

> *Ô Mère,*
> *Tu es l'incarnation à la fois de Krishna et de Kali,*
> *Ô Mère,*
> *Ton sourire et Ton chant,*
> *Tes regards, Ta caresse et Ta danse,*
> *Tes paroles enchanteresses,*

Le toucher de Tes pieds sacrés,
Et le nectar de Ton amour
Sanctifient les mondes.

Ô Mère,
Plante grimpante céleste,
Qui accorde avec joie et en abondance
À tous les êtres, animés ou inanimés,
Qu'il s'agisse du Créateur Brahma ou d'un brin d'herbe,
Tous les purusharthas
Depuis le dharma jusqu'à moksha.

Ô Mère
Qui étonne les trois mondes,
Submergeant tous les êtres humains,
Les insectes et les oiseaux,
Les vers et les arbres,
Des vagues turbulentes de Ton amour.

Ottour n'avait qu'un désir. Chaque fois qu'il recevait le *darshan* d'Amma sa seule prière était : « Ô Amma, au moment de rendre le dernier soupir, que ma tête repose sur tes genoux. C'est mon seul désir, ma seule prière. Ô ma Mère, je t'en prie, laisse-moi mourir la tête sur tes genoux. » Il répétait cette prière avec ferveur chaque fois qu'il voyait Amma, si bien que parmi les dévots comme parmi ses propres admirateurs, presque tous connaissaient son souhait.

Peu après sa rencontre avec Amma, Ottour vint résider de façon permanente à l'ashram. Son séjour fut rempli de béatitude et de contentement. Il disait toujours : « Maintenant, je sais que Dieu ne m'a pas abandonné, parce que je vis en Sa présence et que je baigne dans Son amour divin. J'ai toujours éprouvé une grande déception en songeant qu'il m'était impossible d'être avec

Krishna ou Chaitanya Mahaprabhou [16], ni aucun des *Mahatmas*. Mais c'est fini maintenant, car je sais qu'Amma les incarne tous. »

Juste avant le départ d'Amma pour le troisième tour du monde en 1989, la santé d'Ottour se détériora grandement. Son corps se décomposait. Bien qu'Amma prît toutes les dispositions nécessaires pour son traitement, Ottour ne put retrouver la santé. Il s'affaiblissait et perdait rapidement la vue. Sa vision ne lui permettant plus d'écrire des poèmes comme il en avait l'habitude, il les dictait à son neveu, Narayanan, qui prenait également soin de lui.

Son état physique s'aggravait, mais cela ne changea rien à son innocence enfantine ni à son attitude envers Amma ; bien au contraire, cela ne fit que les renforcer. Sa prière bien connue, à savoir qu'il lui fût permis de mourir sur les genoux d'Amma, devint constante. Lorsque sa vue baissa, il lui déclara : « Si Amma veut m'enlever la vision extérieure, pas de problème. Mais Ô ma Mère divine et céleste, je t'en prie, aie la bonté de bénir ton serviteur en détruisant les ténèbres intérieures, en ouvrant l'œil de la vision spirituelle. S'il te plaît, ne refuse pas la prière de ton enfant. »

Elle répondit avec amour : « Ounni Kanna, ne t'inquiète pas ! Ton désir sera exaucé, n'en doute pas. Comment Amma pourrait-elle repousser ton innocente prière ? »

Une semaine avant le départ, l'état de santé d'Ottour empira soudain, prenant un tour très sérieux, et il se retrouva cloué au lit. Tout le monde pensait qu'il allait mourir. Ottour ne craignait pas la mort, sa seule peur était de mourir pendant qu'Amma serait en Occident. Il lui confia sa peur en disant : « Amma, je sais que tu es partout et que ton giron est aussi vaste que l'univers. Pourtant, je prie pour que tu sois présente physiquement lorsque je quitterai ce corps. Si je meurs pendant que tu es au loin, mon désir de mourir sur tes genoux ne sera pas exaucé. » Amma le caressa

[16] 1485-1535

affectueusement et lui répondit avec autorité : « Non mon fils, Ounni Kanna, cela n'arrivera pas ! Sois assuré que tu ne quitteras ton corps qu'après le retour d'Amma. » Ces paroles furent une grande consolation pour Ottour. Comme cette assurance lui avait été donnée des lèvres même d'Amma, il croyait fermement que la mort ne pouvait le toucher avant son retour.

Au bout de trois mois consacrés à faire le tour du monde, Amma revint à l'ashram, en août. Pendant son absence, Ottour avait été soigné chez un médecin ayurvédique qui était aussi un ardent dévot. Il prit un soin excellent du poète dont la santé s'améliora légèrement, pour décliner cependant de nouveau peu après. Amma dit alors à Ottour de revenir à l'ashram car le moment approchait pour lui de quitter son corps.

Pour l'anniversaire de Krishna, Ottour resta auprès d'Amma et participa à toutes les festivités organisées. Le jour suivant était un jour de Devi *Bhava*. Le *bhava darshan* se termina à deux heures trente du matin. Amma alla ensuite rendre visite à Ottour. Il était très faible mais se réjouit beaucoup de la voir. Le grand poète pleura comme un enfant et lui fit cette prière : « Ô Amma, Mère de l'univers, rappelle-moi à toi ! Rappelle-moi vite à toi ! » Comme une mère prenant soin de son enfant, Amma frictionna la poitrine et le front du poète, l'apaisant, lui caressant la tête avec un amour et une compassion débordants.

Un dévot avait offert ce jour-là un matelas de soie à Amma. Elle demanda à Gayatri de l'apporter dans la chambre d'Ottour. Gayatri partit et revint bientôt, portant le matelas. Amma attrapa le mince et frêle corps d'Ottour, et telle une mère portant un bébé, elle le tint dans ses bras pendant que Gayatri, Balou et Narayanan étendaient le matelas sur le petit lit. Tandis qu'il recevait cette démonstration de compassion infinie, Ottour s'écria : « Ô Amma, Mère de l'univers, pourquoi répands-tu tant d'amour et de compassion sur cet enfant indigne ? Ô Amma, Amma, Amma… »

Amma le déposa doucement sur le petit lit et dit : « Ounni Kanna, mon fils, dors bien. Amma viendra demain dans la matinée. »

« Ô Amma, laisse-moi dormir d'un sommeil éternel, » répondit Ottour.

Avant de quitter la pièce, elle lui jeta de nouveau un regard plein d'amour.

Cette nuit-là, le poète dicta son dernier chant :

Les médecins qui me soignaient, espérant me guérir,
Ont dû admettre leur défaite.
Mes parents ont tous perdu espoir.
Ô Mère, pose-moi sur Tes genoux avec un tendre amour,
Sauve-moi et ne m'abandonne jamais.

Ô Saradamani, Ô Soudhamani, Ô Mère divine,
Pose-moi affectueusement dans Ton tendre giron
Révèle la lune d'Ambadi sur Ton visage,
Ne tarde pas à me bénir en m'accordant l'immortalité.

Révèle Oncle Lune, le fils de Nanda
Sur Ton doux visage,
Et pose ce petit Kanna sur Tes genoux.
Ô Mère, berce-le pour l'endormir.

Le lendemain, vendredi 25 août 1989, à sept heures du matin, Amma fit appeler Narayanan. Quand il arriva, elle lui annonça qu'Ottour allait quitter son corps dans quelques heures. Elle lui enjoignit aussi de demander à son oncle s'il désirait que son corps soit enterré à l'ashram ou sur son lieu de naissance. Narayanan alla transmettre le message à son oncle. Bien que prononcée d'une voix faible, la réponse d'Ottour fut claire, soulignée d'un geste emphatique de la main : « Je serai enterré ici, dans cette terre sacrée. Il n'y a pas d'autre endroit. »

Vers dix heures du matin, Ottour demanda à la *brahmacharini* Lila[17], qui se trouvait à ses côtés, d'appeler Amma.

Mais Lila ne prêta guère d'attention à la requête d'Ottour. Elle tenait un médicament dont elle expliquait le dosage à Narayanan. Ottour finit par pousser rudement Lila en gesticulant : « Plus de remèdes ! Va chercher Amma ! » Lila partit, et pendant les minutes qui suivirent on voyait clairement les lèvres d'Ottour remuer, murmurant constamment : « Amma, Amma, Amma… » Psalmodiant ainsi, Ottour partit dans un état ressemblant au *samadhi*.

Amma se trouvait dans sa chambre. Au moment où Lila entrait, Amma déclara à Lila et à Gayatri : « Dans quelques minutes, Ottour quittera son corps. Mais il n'est pas encore temps pour Amma d'être là. À présent, son mental est entièrement centré sur Amma. Cette concentration intense culminera dans un état de *layana* (fusion). Quand cela se produira, Amma ira auprès de lui. L'intensité de sa concentration serait moindre si Amma venait plus tôt. »

Peu après, Amma, suivie de Lila, quitta sa chambre pour aller voir Ottour. C'est avec un sourire rayonnant qu'Amma entra dans la pièce et vint s'asseoir sur le lit, près d'Ottour. Un éclat extraordinaire émanait de son visage, tandis qu'elle contemplait son Ounni Kanna, comme pour lui dire : « Viens, mon fils ! Mon cher Ounni Kanna, viens te fondre en moi, ta Mère éternelle. » Comme Amma l'avait prédit dans sa chambre, Ottour était dans un état de *layana*. Elle le caressa, lui frictionnant la tête et la poitrine avec un amour et une compassion infinis. Bien qu'Ottour fût en *samadhi*, ses yeux restaient mi-clos. Son visage ne montrait aucun signe de douleur ou de lutte. Il était facile

---

[17] *Brahmacharini* Lila est aujourd'hui connue sous le nom de Swamini Atmaprana. Elle exerçait auparavant en tant que docteur en médecine.

de voir à quel point il était absorbé dans la béatitude. Amma se rapprocha lentement de sa tête. Avec une grande douceur, elle la souleva et la plaça sur ses genoux. Elle avait la main droite sur sa poitrine, tout en continuant à regarder le visage de son fils chéri.

Pendant que le grand poète et dévot, l'Ounni Kanna d'Amma, était allongé sur ses genoux, elle caressa doucement ses paupières et elles se fermèrent à jamais. Ottour quitta son corps et son âme s'unit à Amma pour l'éternité. Celle-ci se pencha et déposa un baiser tendre et affectueux sur son front.

Le dernier vers de son poème, *Kannante punya*, écrit vingt-cinq ans avant l'incarnation d'Amma, devint ainsi réalité, grâce à la Mère de l'univers, pleine de compassion :

> *La pièce terminée,*
> *Quand tomberai-je enfin dans le giron de ma Mère ?*
> *Et allongé sur Ses genoux,*
> *Quand dormirai-je, plein de béatitude ?*

> *Et dans mon sommeil,*
> *Quand rêverai-je*
> *De la forme magnifique de Krishna,*
> *Qui demeure dans mon cœur ?*
> *M'éveillant,*
> *Quand verrai-je Krishna,*
> *Celui qui enchante le monde ?*

Cet épisode est un bel exemple de la manière dont un *Satguru*, qui n'est autre que Dieu Lui-même, exauce les désirs d'un dévot sincère.

Un autre point significatif est la réponse que fit Amma à Ottour quand il exprima sa crainte de quitter son corps pendant le tour du monde. Elle avait répondu, comme nous l'avons déjà cité :

« Non, mon fils, Ounni Kanna, cela n'arrivera pas ! Tu peux être certain que tu ne quitteras pas ce corps avant le retour d'Amma. »

Qui peut donner une telle assurance et garantir qu'une personne ne mourra pas avant une certaine date ? La réponse d'Amma était catégorique, comme si la mort était parfaitement sous son contrôle et qu'elle dise : « À moins que je ne le permette, tu ne peux toucher à mon enfant chéri. » Et la mort lui a obéi ! Qui, sinon Amma, peut ainsi commander à la mort ? Amma, qui selon Ottour est « la Mère divine de l'univers, la manifestation complète de la vérité absolue, (*Brahman*), qui est l'incarnation de l'Être-Conscience-Béatitude, qui est en vérité la Déesse suprême sous forme humaine[18]. » ?

Qui, sinon Dieu seul, peut donner un tel ordre ? Seul Celui qui a transcendé la mort peut dire : « Halte là, attends que Je t'appelle. » N'est-ce pas ce qui s'est produit ?

Après la mort d'Ottour, N.V. Krishna Warrier, écrivain, linguiste et érudit célèbre du Kérala, écrivit un éditorial au sujet du poète dans l'un des grands journaux. « Ottour considérait la jeune Mata Amritanandamayi comme la Mère universelle. Elle chérissait tendrement le vieil homme, comme son propre fils. C'était vraiment une relation Mère-enfant unique. »

Revenons à cet après-midi, quelques années avant qu'Ottour ne quitte son corps. Balou regagna la cocoteraie accompagné du vieux poète, le tenant par la main. Avec grande dévotion et humilité, Ottour se jeta aux pieds d'Amma. Prosterné devant elle, il dit : « Amma, tu savais que ce serviteur désirait te voir. Je brûlais d'être près de toi. Ô Amma, tu as envoyé quelqu'un me chercher parce que tu connaissais le désir de mon cœur. Ô Amma, aie la bonté de placer tes pieds sacrés sur ma tête. » Amma rit en disant : « Non, non, Ounni Kanna ! Ils sont tout sales. » Ottour, d'une voix puissante et majestueuse, dit : «Que dis-tu ? Sales !

---

[18]   Extrait des cent huit noms d'Amma.

Tes pieds ? Ô Amma, ne dis pas cela ! Je sais que la poussière de tes pieds suffirait à éliminer les ténèbres de l'ignorance dans le monde entier. Je t'en prie, pose tes pieds sur ma tête, sinon je ne me relèverai pas. »

Il fallut enfin qu'Amma accède au désir d'Ottour, et elle posa les pieds sur sa tête. Ottour, le grand dévot, était ravi. Il répétait à voix haute : « *Anandoham, dhanyoham, anandoham* » (Je suis dans la béatitude, je suis béni, je suis dans la béatitude). Et pendant qu'il psalmodiait ces mots, il prit la poussière des pieds d'Amma et s'en frictionna le corps entier.

Il s'agenouilla ensuite devant elle et elle l'embrassa affectueusement. Le grand poète la regarda comme un enfant innocent et les yeux remplis de larmes, il dit : « Ô Amma, n'abandonne jamais cet enfant. Permets-moi de rester toujours en ta divine présence. »

Glossaire

Abhaya Mudra : Position des mains; accordant l'intrépidité.

Achara : Observance des coutumes.

Arati : À la fin de la *puja* (adoration) rituel qui consiste à décrire des cercles avec un plateau contenant du camphre enflammé, qui ne laisse aucun résidu, pendant que les clochettes sonnent. Ce rituel symbolise la destruction totale de l'ego.

Archana : Une façon d'adorer la divinité en déclamant ses cent, trois cents ou mille noms.

Arjouna : Le troisième des Pandavas, un grand archer.

Ashram : Ermitage ou résidence d'un sage.

Atma(n) : Le Soi.

Atma Shakti : Énergie du Soi ou de l'Âme.

Avatar : Incarnation de Dieu.

Bhajan : Chant de dévotion.

Darshan : Entrevue avec un Être Saint ou une divinité.

Dharma : La justice, ce qui est en accord avec l'Harmonie Divine.

Gopa : Pâtre, compagnon de Sri Krishna.

Gopi : Vachères, connues pour leur dévotion inégalée à Sri Krishna.

Guru : Maître, guide spirituel. (En sanscrit cela signifie : *celui qui dissipe les ténèbre*s.)

Jagrat : État d'éveil.

Kirtan : Chant.

Krishna : L'incarnation la plus célèbre du Dieu Vishnou.

Lalita Ashthottara : Les cent huit Noms de la Mère Divine sous la forme de *Sri Lalitambika*.

Layana : Identification totale avec la Conscience Divine.

Lila : Drame, jeu divin. Apparence.

Mahabharata : Grande épopée écrite par Vyasa, qui décrit la guerre entre les Kauravas et les Pandavas.

Mahatma : Littéralement : Grande Âme.

Mantra : Formule sacrée, dont la répétition a le pouvoir d'éveiller l'énergie spirituelle de quelqu'un et par laquelle on peut obtenir les résultats désirés.

Maya : L'illusion.

Moksha : État dans lequel on se libère du cycle de la naissance et de la mort.

Mon(e) : Fils. *Mone* est la forme vocative. (malayalam).

Mudra : Un signe de la main indiquant des vérités spirituelles mystiques.

Namah Shivaya : Mantra de cinq lettres qui signifie « Salutations à Celui qui est propice (Shiva) ».

Nirvana : État dans lequel on se libère du cycle de la naissance et de la mort. (Ce mot a été employé par Bouddha. Il signifie la même chose que Moksha chez les Hindous.)

Om : Syllabe mystique qui symbolise la Réalité Suprême.

Pada puja : Adoration des pieds ou des sandales du *Guru* ou d'un saint.

Panchamritam : Un mets sucré ressemblant à de la confiture, offert à la Divinité dans les temples Hindous.

Parashakti : L'Énergie Suprême, ou la Déesse.

Pitham : Le siège sacré sur lequel la Sainte Mère s'assoit durant les Dévi Bhavas.

Pralayagni : Le feu de la dissolution universelle à la fin de la création.

Prasad : Offrandes consacrées distribuées après les rites d'adoration.

Puja : Rituel d'adoration.

Punya : Mérite. (Par opposition à péché.)

Purnam : Plein ou Parfait.

Purusha : L'Être sous son aspect masculin. L'Esprit, ou Dieu.

Purusharthas : Les quatre buts ou termes de l'existence humaine : la fortune, le plaisir, la droiture, et la Libération.

Rajas : Une des trois *gunas*, ou qualités, de la Nature. Le principe de l'action.

Sadhak : Celui qui a voué sa vie à la spiritualité et s'efforce d'atteindre le but par une discipline spirituelle (*sadhana*).

Sadhana : Pratiques spirituelles.

Sakshi Bhava : L'attitude d'être un témoin.

Samadhi : État d'absorption dans le Soi.

Sankalpa : Résolution créatrice qui se manifeste en tant que pensée, sentiment et action. Le *sankalpa* d'une personne ordinaire ne porte pas toujours de fruits, mais l'effet du *sankalpa* d'un sage est infaillible.

Sannyasi(n) : Ascète qui a renoncé à tout lien avec le monde.

Sarvasakshi : Le témoin omniprésent.

Satguru : Maître spirituel réalisé.

Satsang : Compagnie des sages et des êtres vertueux. Également discours spirituel prononcé par un sage ou un érudit.

Sattva : Une des trois *gunas*, ou qualités, de la Nature. Le principe de la pureté et de la sérénité.

Shiva lingam : L'emblème du Seigneur Shiva, de forme ovale.

Sushupti : L'état de sommeil profond, sans rêves.

Swapna : Rêve.

Tapas : Littéralement « chaleur ». La pratique d'une ascèse spirituelle.

Upanishads : La dernière partie des Védas ou Écritures sacrées des Hindous, traitant de la nature du Brahman Absolu, la Réalité transcendante, le Soi réel. Elles exposent la philosophie de la non-dualité (advaïta).

Utsavam : Festival

Vahana : Véhicule, ou monture.

Vasana : Tendance latente. Impressions qui nous restent d'objets et d'actions dont nous avons eu l'expérience. Habitudes.

Véda : Littéralement « Connaissance », les Écritures révérées par les Hindous.

Vishnou : Omniprésent, Il est le Dieu dont la fonction est de préserver le monde.

Yantra : Diagramme mystique.